AF372018

MEDITACIÓN Y BIBLIA

ARYEH KAPLAN

MEDITACIÓN
Y
BIBLIA

EDICIONES OBELISCO

Colección Cábala y Judaísmo
MEDITACIÓN Y BIBLIA
Aryeh Kaplan

1.ª edición: mayo de 2025

Título original: *Meditation and The Bible*

Traducción: *Juli Peradejordi*
Maquetación: *Ana Ticó*
Corrección: *Elena Morilla*

© 1978, Aryeh Kaplan
© 2025, Ediciones Obelisco, S. L.
(Reservados los derechos para la presente edición)

Edita: Ediciones Obelisco, S. L.
Collita, 23-25. Pol. Ind. Molí de la Bastida
08191 Rubí - Barcelona - España
Tel. 93 309 85 25
E-mail: info@edicionesobelisco.com

ISBN: 978-84-1172-243-8
DL B 23669-2024

Printed in India

AGRADECIMIENTOS

Dr. Perle Epstein.
Biblioteca del Seminario Teológico Judío de América,
Nueva York, especialmente a la Sra. Susan Young
y al Sr. Micha Falk Oppenheim.
Bibliotecas de la Universidad Hebrea, Jerusalén.
Biblioteca Bodieiana, Oxford, Inglaterra.
Biblioteca Nacional, París, Francia.
Museo Británico, Londres, Inglaterra.
Biblioteca Apostólica Vaticana, Ciudad del Vaticano.
Biblioteca de la Universidad de Columbia
División de Manuscritos Nueva York, Nueva York.
Biblioteca Estatal Lenin, Colección Guenzburg, Moscú.

PRÓLOGO

Los métodos que utilizaron los profetas para alcanzar sus incomparables estados de consciencia son uno de los mayores misterios que encierra la Biblia. Ésta fue escrita en casi su totalidad por profetas que estaban en estados de consciencia muy elevados, pero no se sabe prácticamente nada sobre cómo llegaban a ellos. Se habla muy poco de los métodos empleados en los propios textos bíblicos, y los pocos pasajes en los que aparecen son de difícil comprensión y requieren de una interpretación correcta. Pero si no se conocen sus métodos, es difícil situar las enseñanzas de los profetas de la Biblia en su contexto adecuado y, en consecuencia, muchos otros conceptos que se encuentran en este libro sagrado son propensos a ser entendidos inadecuadamente.

Hay peligros y escollos en cualquier intento de arrojar nueva luz sobre la Biblia, y a lo largo de los años se ha querido ver las ideas más descabelladas en el texto sagrado. Por eso es tan importante explorar las tradiciones y comentarios judaicos clásicos para ver si arrojan alguna luz sobre el asunto.

En general, hay dos métodos a través de los cuales uno puede alcanzar un estado místico o un nivel superior de conciencia, la meditación y las drogas. Mientras que algunos autores han tratado de demostrar que los profetas tuvieron experiencias con drogas, no existe ninguna prueba objetiva, ni en el texto bíblico ni en la literatura clásica, de que tales sustancias estuvieran implicadas.

Con respecto a la meditación, ocurre exactamente lo contrario. En la medida en que aprendemos a entender el vocabulario, encontramos en los textos muchas referencias a la meditación bíblica, y hace tan sólo doscientos años se hablaba de ella en detalle. Una de las razones por las que esto no se reconoce generalmente es porque toda esta literatura está en hebreo y, como la meditación se ha dejado de practicar en los círculos judíos, se ha olvidado el significado del vocabulario asociado a ella.

Una tarea importante de este libro, por tanto, será reaprender el vocabulario utilizado en la literatura hebraica clásica para describir los diversos métodos meditativos. Esto es muy importante ya que la palabra hebrea más utilizada para designar la meditación generalmente no se reconoce como tal, y la mayoría de los traductores la traducen incorrectamente, perdiéndose por completo el significado de los textos relevantes. Incluso personas con excelentes formaciones académicas, a menudo malinterpretan importantes textos sin darse cuenta de que se refieren a la meditación, únicamente porque desconocen la traducción correcta de las palabras en cuestión.

En la primera sección de este libro, exploraremos la terminología pertinente y citaremos numerosas fuentes que, en su contexto, no dejan lugar a dudas. En esta sección nos mantenemos en terreno firme, sin recurrir a conjetura alguna. Parece que la razón principal por la que el significado de estas palabras no es generalmente reconocido es simplemente porque nadie se ha tomado la molestia de explorar sistemáticamente todas las fuentes en las que se citan.

El papel de las técnicas meditativas se hace aún más evidente cuando uno se da cuenta de la gran medida en que se debaten en la literatura cabalística. Desgraciadamente, la mayor parte de ella se encuentra en manuscritos inéditos. Pero existe suficiente material publicado para proporcionar una imagen suficientemente clara.

En la literatura cabalística, encontramos un uso considerable de meditación de tipo mantra, donde uno repite ciertas frases, sílabas o nombres divinos una y otra vez para alcanzar un estado meditativo. Otro método importante es el de las unificaciones (*Ijudim*), en el que el individuo medita sobre ciertos nombres místicos y letras, combinándolos y unificándolos de una manera previamente establecida. Todo esto se presentará en un libro complementario de este volumen, titulado *Meditación y Cábala*.[1]

---

1. Publicado por Ediciones Obelisco, Barcelona, 2025.

En la segunda sección de este libro, exploraremos los métodos y experiencias proféticas, extraídos tanto desde el texto bíblico como desde el punto de vista de sus comentarios clásicos. A medida que esto se explora de manera sistemática, también se adquiere cierta perspectiva sobre los métodos meditativos utilizados por los grandes profetas de Israel.

Más especulativa es la tercera sección, en la que se intenta reconstruir el vocabulario bíblico utilizado para describir los diversos estados meditativos y místicos. Aquí hacemos un cambio de agujas para pasar de las enseñanzas de los filósofos y los cabalistas a las de los grandes filólogos hebreos. Se estudia tanto el contexto como la filología comparada y la etimología, para intentar identificar e interpretar las diversas palabras que la Biblia utiliza para describir métodos meditativos y estados superiores de conciencia.

Debido al hecho de que gran parte del material de este libro puede resultar algo polémico, subrayaremos claramente la medida en que lo trata la literatura judaica clásica. Siempre que sea posible citaremos las fuentes originales, que a menudo se presentan por primera vez en inglés.

Todas las traducciones de este libro han sido realizadas por el autor.

Se espera y se pretende que este breve estudio abra un nuevo camino en la investigación sobre el verdadero significado de la Biblia, así como el significado de la experiencia profética, que es la base de la misma. Aunque este tratamiento dista mucho de ser completo, debería proporcionar una clave para aquellos que deseen abrir las puertas interiores y explorar más a fondo estos misterios.

Aryeh Kaplan
23 Adar II, 5736

11

PRIMERA PARTE

LAS TRADICIONES

Capítulo uno

Aislamiento interno

Al principio, son muchas las personas que se sorprenden al descubrir que la meditación desempeña algún papel en las enseñanzas bíblicas. Es un tema que no se trata a menudo en este contexto, y muchas personas conocedoras del pensamiento bíblico que no son conscientes de que numerosos comentaristas judaicos clásicos interpretan que ciertos pasajes se refieren a experiencias meditativas. Una razón importante para ello es que tales prácticas no han estado en uso desde el gran renacimiento jasídico hace casi dos siglos. Cuando no se conoce la experiencia, también se olvida el significado de las palabras que la describen y se pierde todo el vocabulario.

Por lo tanto, antes de que el concepto de meditación, tal y como aparece en las fuentes hebraicas, pueda ser debatido adecuadamente, es necesario disponer de un vocabulario básico.

Hay algunas palabras en la Biblia que aparentemente tienen connotaciones importantes con relación a estados meditativos del inconsciente, pero estas expresiones no se utilizan en este contexto en la literatura posbíblica.

Sin embargo, hay una palabra que comentaristas, filósofos y cabalistas utilizan sistemáticamente para referirse a la meditación. La palabra que más a menudo denota meditación es *Hitbodedut* (התבודדות). El verbo «meditar» está representado por la palabra *Hitboded* (התבודד).

La palabra *Hitboded* deriva de la raíz *Baded* (בדד), que significa «estar solo». Literalmente, pues, *Hitbodedut* significa en realidad autoaislamiento y, en algunos casos, significa nada más que reclusión física y aislamiento.[1] Sin embargo, en muchos otros lugares, se utiliza para denotar un estado de conciencia que implica el ais-

---

1. *Shaarei Kedushah*, Parte Cuatro (British Museum #749, f. 15b). Una expresión similar se encuentra en *Likutim Iekarim* (Jerusalén, 1974) #29, 38.

lamiento de uno mismo, es decir, el aislamiento de la esencia más básica del individuo.

Por lo tanto, cuando se aborda en un contexto cabalístico, la palabra *Hitbodedut* significa mucho más que mero aislamiento físico. Se refiere a una especie de aislamiento interno, donde el individuo aísla mentalmente su esencia de sus pensamientos. Uno de los grandes cabalistas, el rabino Jaim Vital (1543-1620), habla a menudo de tal aislamiento mental, diciendo que «uno debe recluirse *(hitboded)* en sus pensamientos hasta el último grado».[2] Al hacerlo, uno separa su alma del cuerpo hasta tal punto que ya no siente ninguna relación con su yo físico. El alma queda así aislada y, como concluye el rabino Jaim Vital, «cuanto más se separe uno de lo físico, mayor será su percepción».

Este estado de reclusión mental es muy importante para la experiencia profética. Hay un considerable debate al respecto, pero la descripción más clara de este estado es presentada por el rabino Levi ben Gershon (1288-1344), un importante filósofo judío, a menudo conocido como Gersonides o simplemente «el Ralbag», escribe que la recepción de la revelación profética «requiere aislar *(hitbodedut)* de la conciencia de la imaginación, o ambas de las otras facultades de percepción mental».[3]

El Ralbag se refiere al estado meditativo, que describe como el aislamiento de la conciencia hasta un punto donde ya no es perturbada por la imaginación. La imaginación a la que se refiere es el ensueño normal que implica el flujo de conciencia y las imágenes visuales que se experimentan cuando todos los demás sentidos están apagados. El intelecto debe aislarse hasta que el individuo entre en la conciencia pura, no perturbada ni por el ensueño ni por las imágenes visuales. Ésta es una definición normal del estado meditativo, y es el resultado final de toda meditación exitosa. Para alcanzarlo,

---

2. *Miljemet HaShem* 2:6 (Riva di Trento, 1560, p. 19a).

3. Aldous Huxley, *The Doors of Perception* (Harper, Row, Nueva York, 1970) p. 22f. Véase mi artículo, «On Immortality and the Soul», Intercom 13:2 (Mayo, 1972), p. 5 (publicado por la Asociación de Científicos Judíos Ortodoxos).

el individuo debe aislar tanto la conciencia como la imaginación de las demás facultades de percepción mental.

Para comprenderlo mejor, debemos ser conscientes de que el cerebro humano, a pesar del maravilloso órgano que parece ser, resulta muy ineficaz como dispositivo de pensamiento. Henri Bergson ha sugerido que una de las principales funciones del cerebro y del sistema nervioso es eliminar la actividad y la conciencia en lugar de producirla.

Aldous Huxley cita los comentarios del Prof. C. D. Broad al respecto.[4] Afirma que toda persona tiene la capacidad innata de recordar todo lo que le ha sucedido y de percibir todos los acontecimientos que le rodean. Si toda esta información entrara en nuestra mente de una vez, nos abrumaría por completo, por lo que la función del cerebro y el sistema nervioso es protegernos y evitar que nos sintamos abrumados y confundidos por la ingente cantidad de información que llega hasta nuestros órganos de los sentidos. Dejan fuera la mayor parte de lo que percibimos y recordamos, eliminando todo lo que podría confundirnos, de modo que sólo permiten la entrada de la pequeña selección especial que es útil.

Si esto es cierto para las visiones en el mundo físico, lo sería aún más para las visiones extraterrenales.

Si una persona corriente pudiera visualizar constantemente el dominio espiritual, le resultaría absolutamente imposible funcionar en el plano físico. Aunque la mente humana tenga poderes de percepción y concentración que ni siquiera podemos imaginar, nuestro principal objetivo es sobrevivir a toda costa. Para que la supervivencia sea posible, todas las capacidades de nuestra mente deben ser vertidas y filtradas a través de la válvula reductora del cerebro.

Algunos investigadores estudian este efecto y sostienen que el mecanismo de la válvula reductora puede ser muy similar a los equi-

---

4. Este análisis completo está tomado de *Sefer HaMaspik LeOvdai HaShem* (Jerusalén, 1965) p. 177 f. Ésta es una traducción del árabe *Kefayah Al-e'abdin*, realizada por Yosef ben Tzalaj Dori. Aunque el uso de la palabra *Hitbodedut* por parte del traductor no es seguro, una palabra árabe similar es traducida de manera similar por Ibn Tibon en la *Guía de los perplejos*.

pos de interferencia utilizados para bloquear las emisiones de radio perturbadoras. El cerebro produce constantemente una especie de estática que reduce nuestra percepción y nuestra actividad mental.

Esta estática puede observarse realmente. Cuando uno cierra los ojos, ve todo tipo de imágenes aleatorias que parpadean a través de su mente. Es imposible concentrarse en una de ellas más de un instante, y cada imagen es oscurecida por una multitud de otras imágenes superpuestas. Esta estática puede verse incluso cuando los ojos están abiertos, pero normalmente ignoramos estas imágenes, ya que son muy débiles en comparación con nuestra percepción visual. Sin embargo, esta estática reduce nuestra percepción, tanto del mundo que nos rodea como de nosotros mismos. Y, lo que es más, hace imposible percibir el ámbito espiritual al menos en un estado normal de conciencia.

Por lo tanto, uno de los propósitos más importantes de la meditación es eliminar éste y otros estados similares. Como explica el Ralbag, esto se logra aislando la esencia de la propia conciencia de la de la imaginación, que es la parte de la mente que produce dicha estática mental. Cuando se logra esto, se pueden ver y comprender las cosas con mucha más claridad, e incluso adquirir la percepción del ámbito espiritual.

Capítulo dos

Abraham Maimónides

Aunque muchos autores utilizan el término *Hitbodedut* para referirse a estado meditativo, esta palabra se utiliza más a menudo para referirse al propio acto de la meditación, y se encuentran muchos ejemplos de ello en la literatura cabalística. Sin embargo, la expresión más clara de todo esto se encuentra en los escritos del rabino Abraham Maimónides (1186-1237), hijo del famoso filósofo, codificador y médico Moisés Maimónides.[1]

Rabbí Abraham Maimónides escribe que hay dos tipos de aislamiento *(hitbodedut)*: externo e interno. El aislamiento externo no es más que la reclusión física, pero el aislamiento interno se refiere al proceso meditativo, en el que uno se aísla espiritual y mentalmente. Esta meditación se considera la más elevada de todas las prácticas, siendo el método utilizado por los profetas para alcanzar sus revelaciones.

Los profetas se recluían con frecuencia físicamente, pero el propósito principal de tal aislamiento externo era como preparación para el aislamiento interno o meditación, que conduce al peldaño más elevado de la escalera de la revelación. Tal estado de aislamiento interno es visto, no sólo como un medio para alcanzar la revelación, sino como la revelación misma.

Rabbí Abraham considera que una serie de versículos bíblicos se refieren a tal estado meditativo. Es la perfección procedente del corazón por la que oró el rey David cuando dijo: «Crea en mí, oh Dios, un corazón puro» (Salmos LI-12). También fue la de Asaf, que cantaba: «Mi carne y mi corazón se desvanecen, mientras que Dios se convierte en la Roca de mi corazón y mi porción para siempre» (Salmo LXXIII-26). Estos versículos se refieren a la pureza de la mente y el corazón, cuando se limpian de todo lo que no sea

---

1. Véase Rashi e Ibn Ezra sobre estos versículos. Cf. *Moreh Nebujim* 1:18.

la Divinidad. Cuando una persona alcanza tal estado, la Esencia Divina entra en su mente y habita en ella.

El método para conseguirlo también se describe claramente:

«Este nivel se alcanza mediante un cese de la actividad por parte de la facultad perceptiva, completamente, o al menos en su mayor parte, divorciándola del alma. La fuerza motivadora de la conciencia se separa de todos los conceptos mundanos y se inclina hacia lo Divino. El intelecto entonces se envuelve en lo Divino, y la imaginación, que está asociada a la facultad meditativa, se activa a través de la contemplación en la creación de Dios, contemplando las cosas poderosas que dan testimonio de su Creador».

El principal método de meditación, tal y como lo describe Rabbí Abraham, implica la contemplación de la naturaleza. Una persona puede contemplar la grandeza del mar, maravillándose de las muchas criaturas que viven en él. Puede contemplar un despejado cielo nocturno, dejando que su mente sea completamente absorbida por la gloria de las estrellas. A través de esta intensa contemplación, uno puede alcanzar un estado meditativo dirigido hacia lo Divino.

Esto se ve como el nivel de Asaf, uno de los coautores de los salmos, que purificó su corazón y su mente, limpiándolos de todo lo que no fuera Divino. Con respecto a este estado dijo: «Mi carne y mi corazón se desvanecen». Cuando separó su conciencia de todo lo ajeno a Dios, dijo: «¿A quién tengo yo en los cielos? Y fuera de ti nada deseo en la Tierra» (Salmos LXXIII-25).

Aunque no se trata todo el salmo, muchos otros versículos se refieren al estado meditativo y, de hecho, así lo interpretan algunos de los comentaristas judaicos clásicos más importantes.[2] Por esta razón, resulta esclarecedor fijarse en la última parte de este salmo y ver los dos versículos citados en su contexto:

---

2. Véase Ibn Ezra *ad loc*. En hebreo, «alma» y «espíritu» son respectivamente *Nefesh* y *Ruaj*. Como veremos, la revelación se da principalmente a través de *Ruaj*.

Con todo, yo siempre estuve contigo:

trabaste de mi mano derecha.

Me has guiado según tu consejo,

y después me recibirás en gloria.

¿A quién tengo yo en los cielos?

 Y fuera de ti nada deseo en la Tierra.

Mi carne y mi corazón desfallecen:

mas la roca de mi corazón y mi porción es

Dios para siempre.

Y en cuanto a mí, el acercarme a Dios es el bien:

he puesto en el Señor mi esperanza,

para contar todas tus obras.

Otros muchos versículos bíblicos se interpretan también en este sentido. Así pues, respetando la inclinación de su conciencia hacia lo Divino, el profeta Isaías dijo: «Tu nombre y tu recuerdo son el deseo de mi alma. Mi alma te anhela de noche, también mi espíritu dentro de mí amanece hacia Ti» (Isaías XXVI-8 y 9).[3] También el salmista dijo: «Mi alma tiene sed de Ti, mi carne suspira por Ti» (Salmos LXIII-2), y en otro lugar, «Mi alma se aferra a Ti» (Salmos LXIII-9).

Otro punto importante tratado por Rabbí Abraham es que todo ego y toda sensación deben ser refrenados para que la facultad meditativa pueda funcionar. Un ejemplo de esto se ve en el consejo de Eliseo a Giezi: «si alguno te encontrare, no lo saludes; y si alguno te saludare, no le respondas» (2 Reyes 4:29). Esto es particularmente digno de mención, ya que parece indicar que es necesario un cierto

---

3. Véase Isaac de Acco, *Meirat Einaim, Ekev*. Ha sido publicado por Adolph Jellinek en *Philosophie und Kabbalah* (Leipzig, 1854) p. 48. También se cita en *Shaarei Kedushah*, Parte Cuatro 17a. También véase *Jovot HaLevavot, Shaar Ichud HaMaaseh* 4 (Varsovia, 1875) p. 12a; *Maggid Mesharim, Beshalaj*, 15 *Shevat* 5311 (Jerusalén, 1960) p. 57a; *Keter Shem Tov* (Kehot, Nueva York, 1972) 220, Likutim Iekarim 179. También véase Yehudah Albotini, Sulam HaAliah 10 (Jerusalén, Ms. 334 8°), publicado por Gershom Scholem en *Kitvei Iad BaKabbalah* (Jerusalén, 1930) p. 226.

grado de estoicismo antes de poder meditar adecuadamente, un concepto ampliamente tratado en la Cábala.[4]

Para alcanzar el estado meditativo que unifica al hombre y a Dios, los profetas y sus discípulos utilizaban diversos tipos de música y canto. Rabbí Abraham escribe que así se motivaría la conciencia hacia Dios, y purificaría el ser interior de todos los pensamientos externos. Hay varios versículos que mencionan esto, uno de los más claros es lo que está escrito con respecto al servicio del Templo, «David y sus supervisores escogieron a los hijos de Asaf, Hemán y Jedutún, que profetizarían con arpas, laúdes y címbalos» (1 Crónicas XXV-1).[5]

Para poder alcanzar el aislamiento interno, los profetas y sus discípulos también se aislaban externamente, apartándose de la población en general. Así no les molestaban los asuntos mundanos de las multitudes, y podían meditar sobre Dios y sus obras sin ser interrumpidos.

Tal aislamiento podía ser parcial y temporal, o podía ser total, donde el individuo se recluía en zonas despobladas como desiertos y montañas. Rabbí Abraham señala que tal reclusión se menciona a menudo en las vidas de los profetas y sus discípulos. Es también por esta razón por lo que muchos patriarcas y profetas trabajaron como pastores, pues podían estar solos en el campo durante largos períodos de tiempo.

Durante esos períodos de aislamiento, el profeta contemplaba el cielo y las montañas, así como el resto de las obras de Dios, atrayendo su mente hacia su Creador. Según Rabbí Abraham, éste es el sentido de la frase del rey David: «Así que ¡cuán preciosos me son, oh Dios, tus pensamientos! ¡Cuán multiplicadas son sus cuentas! Si los cuento, se multiplican más que la arena: Despierto, y aún estoy contigo» (Salmos CXXXIX-17 y 18). Uno se sumerge tanto en su contemplación que entra en un estado de trance y de quietud mental, donde percibe la unidad de Dios como quien realmente puede sentirla. Cuando una persona que ha alcanzado tal estado

____

4. Véase Rashi, Radak, *ad loc.*
5. Cf. Ibn Ezra, Radak, *ad loc.*

se despierta, el hechizo de esta unidad permanece con él, y David concluye así: «Despierto, y aún estoy contigo».

El mejor momento para meditar es a medianoche o antes del amanecer. Rabbí Abraham encuentra alusiones a esto en versículos como, «Levántate, medita en la noche, al comienzo de las vigilias» (Lamentaciones II-19).[6] Asimismo, el rey David dijo: «Ante mis ojos las vigilias de la noche, cuando medito en tu palabra» (Salmos CXIX-148). El joven Maimónides también habla de algunos individuos que intentan pasar toda la noche sin dormir, que intentan emular la devoción descrita en el versículo «no daré sueño a mis ojos, ni adormecimiento a mis párpados» (Lamentaciones CXXXII-4).

De gran importancia es la descripción que hace Rabbí Abraham de los derviches musulmanes o sufíes, con los que al parecer estaba muy familiarizado. Describe una práctica de una de sus sectas, cuyos miembros meditaban en lugares oscuros, aislándose hasta tal punto que su sentido de la vista se degeneraba y ya no podían discernir entre la luz y la oscuridad.

Para que una persona pueda llevar a cabo tales prácticas, señala, debe estar motivada por una fuerte luz interior, para no verse perturbada por la oscuridad exterior. Cita también a un tal «Abraham el Santo» que hablaba de meditar en lugares oscuros y le aplica el versículo: «¿Quién de vosotros teme a Dios y obedece la voz de sus siervos? Tal hombre camina en la oscuridad sin ninguna luz, confía en el Señor y depende de su Dios» (Isaías L-10).

Aunque la meditación se realiza mejor cuando uno está aislado, una persona con un nivel espiritual avanzado puede realizarla en cualquier momento. Así, el joven Maimónides cita una bendición utilizada con frecuencia por los grandes sabios: «Que Dios te conceda tu porción entre los que se deleitan en la reclusión, cuya alma está aislada incluso rodeada de mucha gente».

Además de su valor por proporcionar ideas importantes sobre la meditación en general, estos escritos de Rabbí Abraham

---

6. Cf. *Tamid* 32b, Iad, *Talmud Torah* 3:13. La palabra hebrea para «meditar» en este versículo es *Ranan*, que se explica en detalle en Parte 3:4.

Maimónides son también extremadamente valiosos por la luz que arrojan sobre los escritos de su padre, el famoso Moisés Maimónides. Aunque el hijo no es tan conocido, el padre fue uno de los más grandes pensadores judaicos, que destiló todas las enseñanzas anteriores e influyó en prácticamente todos los autores que le sucedieron.

A partir de aquí, vemos claramente que cuando Maimónides utiliza el término *Hitboded*, en realidad está hablando de meditación, un hecho que ha escapado a la atención de casi todos los traductores.

Un buen ejemplo de ello se encuentra en una carta que el anciano Maimónides escribe a su hijo Abraham. Dice: «Los dos primeros pactos (la circuncisión y la *Torah*) se mantienen mediante el tercero, que es el *Shabbat*. El objetivo de los tres es la purificación del alma, la metodología, el retiro, así como la meditación *(hitbodedut)* hacia Dios.[7]

Pero lo que es aún más importante es el hecho de que Maimónides habla de *Hitbodedut* refiriéndose a los profetas, afirmando que fue una de las técnicas importantes a través de las cuales alcanzaron su elevado nivel.[8] De los escritos de su hijo vemos claramente que se refiere a la meditación. Sin embargo, no conozco a ningún traductor que parezca ser consciente de este hecho.

Esto también arroja luz sobre una importante enseñanza relativa a la meditación que se encuentra en la *Guía de los Perplejos* de Maimónides. Puesto que conocemos el significado de la palabra *hitbodedut*, podemos traducirla correctamente.[9]

Está escrito: «Ama al Señor, tu Dios, y sírvele con todo tu corazón y con toda tu alma» (Deuteronomio XI-13). Ya hemos de-

---

7. *Iggeret HaMusar* (Varsovia, 1927) p. 7.

8. *Iad, Iesodei HaTorah* 7:4, citado más adelante, Parte 2:4.

9. En el árabe original, Maimónides usa la misma palabra para meditación, «autoaislamiento», que usa su hijo Abraham. En sus traducciones de *Moreh Nebujim* (*Guía de los Perplejos*), tanto Samuel Ibn Tibon como Judah Al-Harizi traducen esta palabra como *Hitbodedut*. La traducción de Ibn Tibon fue conocida y posiblemente editada por el propio Maimónides.

mostrado en numerosas ocasiones que el amor a Dios es idéntico a tener una percepción de Él. Como resultado de este amor, uno es conducido a un estado de adoración que nuestros sabios llaman «servicio del corazón».

En mi opinión, esto significa que uno debe concentrar todos de sus pensamientos en el Primer Intelecto, meditando *(hitboded)* sobre él de acuerdo con su capacidad.

Se ha demostrado así que el objetivo de la persona, después de haber alcanzado la iluminación, debe ser entregarse a [Dios] y hacer que el intelecto anhele en todo momento a Él. En la mayoría de casos, esto se logra mediante la reclusión y el aislamiento. Por lo tanto, todo individuo piadoso debe esforzarse por la reclusión y la meditación *(hitbodedut)*, no asociándose con los demás excepto cuando sea absolutamente necesario.

Por lo tanto, los piadosos tenían especial cuidado en reducir al mínimo el tiempo en que no podían reflexionar sobre el nombre de Dios. Y advertían a los demás, diciendo: «Que vuestras mentes no estén vacías de reflexiones sobre Dios». En el mismo sentido, el rey David dijo: «He puesto a Dios delante de mí siempre, Él está a mi diestra, no seré conmovido» (Salmos XVI-8). He aquí el significado de las palabras: «yo no aparto mis pensamientos de Dios –Él– es como mi mano derecha, que yo no olvido ni un instante por la serenidad de sus movimientos. Por lo tanto, no seré conmovido-no caeré».

❖ FUENTES

Si estos fueran los únicos lugares en los que el término *hitbodedut* se utiliza para referirse a la meditación, uno podría fácilmente descartarlos por ser excepcionales. Sin embargo, la palabra se utiliza a lo largo y ancho de la literatura judaica y, en su contexto, se refiere claramente a la meditación. La referencia más antigua que hemos encontrado data de hace cerca de mil años, y en casi todas las generaciones se habla del tema.

Las selecciones que se ofrecen aquí son una traducción literal de las palabras de sus autores, presentadas aquí por primera vez en inglés. En su mayor parte, estas citas hablan por sí solas, proporcionando una importante perspectiva sobre el papel de la ciencia en el desarrollo de la meditación en el pensamiento judaico en general, sin necesidad de comentarios adicionales.

* * *

Dios dispuso el orden de la creación de modo que todas las cosas están vinculadas entre sí. La dirección de los acontecimientos en el mundo inferior depende de las entidades que están por encima de ellos, como enseñan nuestros sabios: «No hay no hay brizna de hierba en el mundo inferior que no tenga un ángel sobre ella, golpeándola y diciéndole que crezca».[10] Las almas humanas también están ligadas a niveles superiores, y por ello, cuando un individuo perfecto se involucra en la meditación *(hitbodedut)* sobre la sabiduría, le es posible predecir acontecimientos futuros. Como resultado de su profunda meditación, su conciencia y su mente caen en un trance y, a través de su profunda indagación de los misterios de la existencia, llega a la Causa Primera. Las facultades de su corazón se vuelven entonces como el Urim y el Tumim, místicamente unidos a los ángeles del cielo, y queda sujeto al Bien Supremo.

Jai Gaón (939-1038)
Líder religioso y místico[11]

* * *

Durante los seis días de la semana, el alma del iluminado medita *(hitboded)* sobre asuntos mundanos. Pero el *Shabbat* debe meditar para comprender las obras de Dios y Sus milagros.

Abraham Ibn Ezra (1089-1164)
Filósofo, místico y poeta[12]

---

10. *Bereshit Rabbah* 10:7. Cf. *Zohar* 1:251a, Zohar Jadash 4b.
11. Citado en el comentario del Rabino Moshe Botril sobre *Sefer Yetzirah* 4:2.
12. Ibn Ezra, comentario sobre el Salmo XCII-5. También véase comentario sobre Éxodo XX-8, Miqueas I-1; *Iesod Moreh* 8.

En el alma de algunos individuos existe el poder de la profecía, a través del cual pueden predecir el futuro. Nadie sabe cómo les llega, pero meditan *(hitboded)*, y un espíritu viene y les revela el futuro.

Moisés ben Najman (Rambán), (1194-1270)
Legalista, comentador y místico[13]

* * *

Se enseña que quien reza debe concentrar su corazón… Debe concentrarse en las palabras que salen de sus labios, representando a la Divina Presencia delante de él, como está escrito: «He puesto a Dios delante de mí siempre, Él está a mi diestra, no seré conmovido» (Salmos XVI-8). Debe despertar su concentración, eliminando todos los pensamientos para que su mente y su concentración en la oración permanezcan puras. Éste era el camino de los santos y de los hombres de verdad. Ellos meditaban *(hitboded)*, y se concentraban en sus oraciones hasta que alcanzaban un nivel en el que se despojaban de lo físico y se dejaban invadir por lo espiritual. De este modo eran capaces de alcanzar un nivel cercano al de la profecía.

Rabbí Jacob ben Asher (1270-1343)
Codificador legal[14]

* * *

El Talmud enseña que [después de haber sido excomulgado por Rabban Gamaliel], la esposa de Rabbí Eliezer no le dejaba «caer sobre su rostro» [en la oración, para que no matara a Rabban Gamaliel]. Esto significa que ella le molestaba y no le dejaba meditar *(hitbo-*

---

13. Comentario sobre Deuteronomio XIII-2.
14. Tur, *Oraj Jaim* 98. También citado en *Shuljan Aruj, Oraj Jaim* 98:1. Véase *Toldot Iaakov Iosef, Ajarei* (Korets, 1780) p. 88c.

ded). A través de dicha meditación, una persona puede aferrarse al «lugar apropiado», y así obrar maravillas y milagros.

Rabbí Shem Tov ibn Shaprut (1330-1400)
Filósofo[15]

Los pensamientos de Dios son infinitos. David dijo: «Si los contara, serían más que la arena; al despertar aún estoy contigo». (Salmos CXXXIX-18). Sin embargo, en Dios [todas estas perfecciones son vistas como] una unidad absoluta, como añade: «Para Él, hay unidad en ellas» (Salmos CXXXIX-16). [El rey David concluye: «al despertar aún estoy contigo». Aquí está diciendo «Cuando me desperté de mi meditación *(hitbodedut)* sobre [estas perfecciones], descubrí que estoy todavía contigo, ya que no son algo separado de Ti».

Rabbí Joseph Albo (1380-1435)
Filósofo[16]

* * *

Tengo a mano una respuesta que uno de los primeros codificadores recibió del cielo después de preguntar de manera apropiada. Lo hizo mediante la meditación *(hitbodedut)*, la oración y la pronunciación de los Nombres Divinos, y así recibió una respuesta a sus preguntas.

Rabí David ben Zimra (Radbaz: 1470-1572)
Legalista y místico[17]

* * *

---

15. *Pardes Rimonim*, comentario sobre *Bava Metzia*, 59b (Sabbioneta, 1554) p. 4a.
16. *Sefer HaIkkarim* 2:25 (Varsovia, 1871) p. 90b.
17. *Sheelot U'Tshuvot HaRadbaz* 967 (3:532). La referencia es al Rabino Jacob de Marvège (c. 1170-1230), en *Sheelot U'Tshuvot min HaShamayim* #58.

Todos los debates sobre el ayuno y la auto-mortificación que se encuentran en los textos anteriores sólo se aplican a quien no está en el estudio de la *Torah*. Pero cuando lo principal de una persona es la *Torah*, y cuando conoce la sabiduría y es temeroso de Dios, no debe debilitarse y disminuir sus estudios. Ésta es, pues, su rectificación: un día por semana, sepárate de toda la gente y medita *(hitboded)* sobre Dios. Enlaza tus pensamientos con Él como si hablaras con Él en el Día del Juicio. Habla a Dios en voz baja, como un esclavo a su amo, o un niño a sus padres.

Rabino Isaac Luria (El Ari: 1534-1572)
Maestro cabalista[18]

* * *

El Talmud enseña que los primeros santos esperaban una hora antes de rezar para concentrar sus pensamientos en Dios. Los comentarios explican que esto significa que vaciaban sus mentes de todos los pensamientos mundanos y vinculaban su conciencia al Señor de todo, con temor y amor.

[Estos santos oraban durante una hora, y finalmente esperaban otra hora después de sus oraciones, de modo que pasarían un total de tres horas en cada uno de los tres servicios diarios]. Así resultaba que cada día dedicaban un total de nueve horas de sus estudios sagrados para dedicarlos a la meditación *(hitbodedut)*, vinculándose [a Dios].

La Luz de la Presencia Divina aparecía sobre sus cabezas como si estuviera extendida a su alrededor, mientras estaban sentados en medio de la Luz.

Encontré esto en un viejo manuscrito de los primeros místicos.

Rabino Eleazar Alkazri (1522-1600)
Moralista y místico[19]

---

18. Citado en *Sefer Jaredim, Tshuvah* 3 (Jerusalén, 1958) p. 214. También citado en *Beer Halajá* sobre *Oraj Jaim* 571:2 «Talmid Jajam».

19. *Sefer Jaredim*, loc. cit. (p. 215). La referencia talmúdica es *Berajoth* 5:1 (30b). La cita es muy similar a una encontrada en *Shaar HaKavanot LeMekubalim HaRishonim*

* * *

Los poetas suelen hablar de sí mismos como si se refirieran a otras personas. [Así dijo Jacob:] «Juntaos y escuchad, oh hijos de Jacob» (Génesis XLIX-2). [El propio Baalam dijo:] «Así dice Baalam, hijo de Beor» (Números XXIV-3). [Débora cantó:] «Despierta, despierta, Débora» (Jueces V-12). Existen muchos casos similares.

Esto se debe a su profunda meditación *(hitbodedut)*, donde la mente se eleva y el cuerpo permanece como si estuviera desnudo del alma. Por lo tanto, a estos individuos les parece como si ellos mismos fueran otra persona…

Ocasionalmente encontramos que cuando son autores de sus canciones, los poetas alcanzan un estado de éxtasis en el que pierden toda sensación. Todo ello se debe a la profundidad de su meditación.

Rabbí Emanuel Frances (1610-1710)
Poeta y filósofo[20]

* * *

Es preciso meditar constantemente *(hitboded)* en la Presencia Divina. No hay que tener otro pensamiento en nuestra mente que no sea que su amor (a Dios, buscando que la Presencia Divina] se adhiera a Él. En la mente hay que repetir constantemente, «¿Cuándo seré digno de que la Luz de la Divina Presencia habite en mí?».

Baal Shem Tov (1698-1760)
Fundador del jasidismo[21]

(Florencia, Ms. 41, p. 222a, b; Vaticano, Ms. 31, p. 37; Múnich, Ms. 2408, British Museum, Ms. 7774; Penna, Ms. 867; Jewish Theological Seminary, Nueva York, Ms. 1833, p. 33). Esto también se cita en *Shaarei Kedushah*, Parte Cuatro (British Museum, Ms. 749) p. 18b. Esto ha sido publicado, junto con una traducción alemana por Gerhard Scholem, «*Der Begriff der Kawwana in der alten Kabbala*» MGWJ 78:511 (1934).

20. *Metek Sifasaim* 30.

21. *Tzava'at HaRivash* (Kehot, Nueva York, 1975) #8; *Likutim Iekarim* 38. Algunos atribuyen esto al Rabino Dov Baer, el Maguid de Mezritch.

* * *

La raíz de todo es la meditación *(hitbodedut)*. Es un concepto grande y elevado, que hace a la persona merecedora de toda santidad. Cuando la persona medita, incluso en lo que respecta a las necesidades corporales mundanas, también está unida a Dios.

Rabbí Jaim Joseph David Azulai/El Jida, (1724-1806)
Líder sefardí y cabalista[22]

* * *

Hay que incluirse en la unidad de Dios, que es la Existencia Imperativa. Sin embargo, una persona no puede ser digna de esto a menos que anule su ego, y es imposible lograrlo sin meditación *(hitbodedut)*. Cuando una persona medita y expresa sus pensamientos ante Dios, puede ser merecedora de anular todos los deseos y rasgos malignos, de modo que se hace digno de anular todo su ser físico, quedando así incluida en su Raíz.

Rabí Najman de Breslov (1772-1810)
Maestro jasídico[23]

---

22. *Avodat HaKodesh, Tziporen Shamir* 51. También véase *Midbar Kadmut, Heh* 13. El autor cita una alusión interesante de Levítico XVI-4, donde la palabra *Bad*, que significa «lino», se relaciona con la palabra *Hitbodedut*. También señala que las letras iniciales del versículo «en todos tus caminos, conócelo» (Proverbios III-6), forman la palabra *Badad*.
23. *Likutei Moharan* 52.

Capítulo tres

Iluminación

De estas fuentes se desprende que el concepto de meditación era bien conocido entre los filósofos y cabalistas judaicos, y que el término más utilizado para expresar este concepto era *Hitbodedut*. Mientras que los filósofos hablan a menudo de meditación no estructurada en la que intervienen Dios y Su creación, las escuelas cabalísticas abogaban por formas más formales y estructuradas de meditación.

El objetivo de la meditación, especialmente tal y como la describen los maestros cabalísticos, es alcanzar la iluminación. En hebreo, la palabra más usada para describir tal iluminación es *Ruaj HaKodesh*, que puede traducirse literalmente como «Espíritu Santo». Es este término el que utilizan sistemáticamente todos los escritores hebreos.

Aunque este término aparece en varios lugares de la Biblia, hay un lugar donde esta connotación es evidente. En uno de los salmos (Salmos LI-10 a 12), el rey David dice:

> Dios mío, ¡crea en mí un corazón limpio! ¡Renueva en mí un espíritu de rectitud! ¡No me despidas de tu presencia, ni quites de mí tu santo espíritu! ¡Devuélveme el gozo de tu salvación! ¡Dame un espíritu dispuesto a obedecerte!

Como hemos visto, Rabbí Abraham Maimónides explica que el «corazón puro» por el que ruega el rey David se refiere a un corazón y una mente limpios de todo pensamiento externo a través de una intensa meditación. David había dicho este salmo después de haber sido reprendido por el profeta Natán a causa de su aventura con Betsabé. Antes de esto, David había estado en un nivel espiritual muy alto, pero como resultado de este asunto, esta iluminación le había sido arrebatada. Ahora oraba para que le fuera dado de nuevo un «corazón puro», y que Dios no le quitara la iluminación que es *Ruaj HaKodesh*.

El nivel de iluminación que implica *Ruaj HaKodesh* implica una claridad de comprensión, un aumento de la percepción, una conciencia de lo espiritual y, a menudo, un cambio completo de la personalidad. En su estado más bajo, *Ruaj HaKodesh* consiste en iluminación y percepción generales, en sus estados más elevados y verdaderos, *Ruaj HaKodesh* proporciona al individuo una percepción clara e inequívoca, en la que puede recibir información que no está disponible de otra manera. *(Véase «Fuentes» al final de este capítulo).*

Para entender el concepto de *Ruaj HaKodesh* con mayor claridad, hay que entender el sentido de la palabra *Ruaj*, que suele traducirse como «espíritu». El significado de esta palabra se hace más evidente cuando comprendemos el concepto cabalístico del alma. En la Biblia, encontramos que hay tres palabras para referirse al alma: *Nefesh*, *Ruaj* y *Neshamah*. Según los cabalistas, representan los tres niveles más importantes del alma. Si nos fijamos en la etimología de estos términos, vemos que la palabra *Nefesh* (נפש) proviene de la raíz *Nafash*, que significa «descansar», como en el versículo «Y en el séptimo día, cesó de trabajar y descansó (*Nafash*)» (Éxodo XXXI-17). La palabra *Ruaj* se traduce a menudo como «espíritu», pero en muchos otros lugares, esta misma palabra también significa «viento». Por último, la palabra *Neshamah* (נשמה), procede de *Neshimah* (נשמה), la palabra hebrea para «aliento».

El maestro cabalista, el Rabbí Isaac Luria (el Ari), explica que estos tres niveles pueden entenderse si tomamos como analogía a un soplador de vidrio.[1] El proceso comienza con el aliento (*Neshimah*) del soplador de vidrio, soplando en un tubo para producir una vasija. El aire atraviesa el tubo como si se tratara de un viento (*Ruaj*) hasta llegar a la vasija. Finalmente, penetra en ella y le da forma de acuerdo con los deseos del soplador, y acto seguido tiene lugar el descanso (*Nafash*).

---

1. *Etz Jaim, Shaar* TaNTA 5, del Salmo 23:31. También véase HaGra sobre *Sefer Yetzirah* 1:9, *Nefesh HaJaim* 1:15.

En el caso del alma, el «soplador» es Dios mismo. Por esta razón, al describir la creación del hombre, la Biblia dice: «Formó, pues, Dios al hombre del polvo de la tierra, y alentó en su nariz soplo de vida (*Neshamah*)» (Génesis II-7).[2] El espíritu, conocido como *Ruaj* es, por lo tanto, el «soplo de vida» que penetra en el ser del hombre.

Aunque la influencia de Dios impregna constantemente el ser como el aire que nos rodea, no suele ser detectable. El aire sólo se siente cuando está en movimiento, cuando percibimos el viento (*Ruaj*). Del mismo modo, el espíritu de Dios sólo puede detectarse cuando se mueve dentro de nosotros, y es por esta razón por lo que dicho espíritu también es llamado *Ruaj*, la misma palabra que se utiliza para «viento».

Esto también se desprende de la etimología de la palabra *Ruaj* (רוח). Esta palabra está estrechamente relacionada con la palabra hebrea *Oreach* (אורח), que significa «visitante», así como la palabra *Oraj* (ארח), que significa «camino». Ambas palabras indican un concepto que normalmente no está presente, así como uno de movimiento y desplazamiento. En el mismo sentido, el viento no es un estado normal del aire, sino el resultado de un movimiento.

La palabra *Ruaj* está aún más estrechamente relacionada con la palabra *Reach* (ריח), fragancia. Así como una fragancia puede detectarse, aunque no sea visible, lo mismo ocurre con la inspiración, asociada al *Ruaj*.

El más elevado de los tres niveles del alma es la *Neshamah*, que es el «aliento de Dios», mientras que el más bajo es la el *Nefesh*, el nivel que descansa en el hombre. La parte que conecta a los dos es la que se llama *Ruaj*. Por lo tanto, cuando Dios desea iluminar a una persona o transmitirle un mensaje, éste es transmitido a través del nivel de *Ruaj*. Se dice entonces que ha alcanzado el *Ruaj HaKodesh*, el *Ruaj* sagrado.

Éste es, pues, el concepto de *Ruaj HaKodesh*, el alto nivel al que se aspira en la meditación. Se menciona claramente en versículos bíblicos como: «Un espíritu *(ruaj)* se derrama sobre nosotros desde

---

2. Véase Ramban ad loc. Cf. Zohar 3:123b. También véase *Shefa Tal*, Introducción (Hanau, 1612) p. 4b; *Likutei Amarim (Tania)* 1:2.

lo alto» (Isaías XXXII-15). También está estrechamente relacionado con la profecía, como vemos en el versículo: «Derramaré Mi espíritu *(ruaj)* sobre toda carne, y vuestros hijos e hijas profetizarán»
(Joel III-1).

Todas las cosas en el reino espiritual constan de diez niveles,
correspondientes a las Diez Emanaciones Divinas (Sefirot), ampliamente descritas en la literatura cabalística. Cada uno de los tres
niveles del alma contiene también estos diez niveles. Como el nivel
del *Ruaj* es superior al del *Nefesh*, hay que ascender por los diez
niveles del *Nefesh* antes de llegar al *Ruaj*. Por lo tanto, para alcanzar
el *Ruaj HaKodesh*, primero hay que purificar los diez niveles del
Nefesh.[3]

Existen métodos especialmente recomendados para purificar
estos diez niveles. Estos son los diez pasos que conducen al *Ruaj
HaKodesh*, descritos en el Talmud:[4]

Estudio
Prudencia
Diligencia
Limpieza
Abstención
Pureza
Piedad
Humildad
Temor al pecado
Santidad

De acuerdo con este programa, se comienza con el estudio y
la observancia constantes, lo que lleva al cuidado escrupuloso de
no violar ninguna ley religiosa. El siguiente paso es la diligencia
constante para obedecer cada mandamiento, y luego vivir una vida

---

3. *Shaar HaGuilgulim 1.*
4. *Avodah Zarah* 20b, *Sotá* 9:15 (no en la Guemará), *Yerushalmi, Shabat* 1:3 (5b), *Shekalim* 3:3 (14b), *Shir HaShirim Rabbah* 1:9; *Majzor Vitri* 937, *Sefer Jasidim* 16, *Reshit
   Jojmah, Shaar HaAhavah* 11.

completamente limpia, tanto en pensamiento como en los hechos. Se llega entonces a un nivel en el que se evitan incluso las cosas permitidas cuando existe la posibilidad de que induzcan a error y, una vez logrado esto, puede purificar uno de todo mal, pasado y presente.

El individuo está entonces dispuesto a vivir una vida de piedad, dedicándose a Dios mucho más allá de lo que prescribe la ley, y esto conduce a la humildad, la negación del ego. La persona puede entonces adquirir una percepción tan clara del bien que literalmente teme el pecado, siendo consciente de la banalidad del mal. Entonces está preparado para el más elevado de estos diez pasos, la santidad, la negación absoluta de lo físico.

El siguiente nivel es el de *Ruaj HaKodesh*. Estos diez pasos proporcionan un programa de disciplina a aquel que desea alcanzar la verdadera iluminación.

Es interesante señalar que uno de los textos piadosos más populares, *La senda de los rectos* (*Mesilat Iesharim*), de Rabbí Moshé Jaim Luzzatto (1707-1747), no es más que un comentario de esos diez niveles.[5] Este texto lo estudian todo tipo de personas, pero son pocas las que saben que originariamente fue concebido como un manual para iniciados que intentaban penetrar en los reinos más elevados de la iluminación. Sin embargo, con un conocimiento básico de la Cábala, se ve inmediatamente que los diez niveles tratados en este libro corresponden directamente a los diez niveles de la Sefirot. En realidad, el autor clasifica todas las enseñanzas devocionales de la Biblia, el Talmud y los Midrashim de acuerdo con estos niveles.

Aunque los cabalistas nos proporcionan numerosas y detalladas meditaciones para alcanzar el *Ruaj HaKodesh*, está reconocido universalmente que este nivel también puede ser alcanzado por medio de una intensa emoción y por medio de la oración. Rabbí Jaim Vital sostiene: «Este nivel también puede ser alcanzado a través de

---

5. Esto está disponible en dos traducciones al inglés, siendo la más confiable la de Shraga Silverstein, publicada por Phillip Feldheim, Inc. (Hay edición española en Ediciones Obelisco, Barcelona 2014).

la santificación y el estudio de la *Torah* por parte de la persona, sin necesidad de recurrir a ninguna otra práctica».[6]

Esta idea no es exclusiva de los cabalistas; está basada en un antiguo Midrash que dice: «Cuando alguien lee la *Torah,* los Profetas y los Escritos (la Biblia) y pasa sus días en la casa de estudio, inmediatamente se hace merecedor de *Ruaj HaKodesh*».[7] Un documento todavía más antiguo, fechado en el siglo II, afirma: «Si alguien cumple, aunque sólo sea un precepto con fe absoluta, será merecedor del *Ruaj HaKodesh*».[8]

Otra enseñanza importante con respecto a la iluminación *del Ruaj HaKodesh* es su universalidad. Como enseñaba a sus discípulos el profeta Elías, no se hace distinción ni de la persona ni del lugar: «Pongo al cielo y a la Tierra por testigos de que si las obras de cualquier persona, judía o gentil, hombre o mujer, libre o esclava, son dignos, el *Ruaj HaKodesh* descenderá sobre ella».[9] Es importante señalar que esta enseñanza se cita en numerosos textos cabalísticos que hablan de la meditación.[10] La iluminación suprema de toda la humanidad también resulta evidente en la profecía de Joel, que decía en nombre de Dios «Derramaré mi espíritu sobre *toda carne*» (Joel III-1).

❖ FUENTES

Una persona que reúna todos los requisitos necesarios podrá profundizar en los misterios *(Pardes)*, avanzando en estos profundos conceptos sutiles y obtener una firme comprensión y percepción de ellos.

Al mismo tiempo, también debe santificarse y separarse de los caminos de las masas, que caminan a ciegas en la oscuridad de los tiempos. Debe lograr una diligencia constante y ni siquiera pensar en lo no esencial o considerar las actuales vanidades e intrigas.

---

6. *Shaarei Kedushah,* Parte Cuatro (al final de la edición impresa).
7. *Tana DeBei Eliyahu Rabbah* 2. Cf. *Tana DeBei Eliyahu Zuta* 1.
8. *Mekhilta* sobre Éxodo XIV-31.
9. *Tana DeBei Eliyahu* 9.
10. Véase *Shaarei Kedushah* 3:7.

Una persona así deberá pulirse para que su mente permanezca siempre clara y dirigida hacia lo alto. Debe unir su intelecto al Trono de Gloria, esforzándose por comprender la piedad y la santidad de lo trascendental. Además, meditará sobre la sabiduría de Dios en cada cosa, comprendiendo su verdadero significado, ya sea la entidad espiritual más elevada o la cosa más humilde de la Tierra.

El individuo que hace esto inmediatamente se hace merecedor de *Ruaj HaKodesh*. Cuando alcanza este Espíritu, su alma se pone al nivel de los ángeles… y se convierte en una persona completamente diferente. Ahora puede entender las cosas con un conocimiento completamente diferente a todo lo que haya experimentado antes. El nivel que ha alcanzado está muy por encima del de otros hombres, que sólo pueden usar su intelecto. Éste es el significado de lo que [el profeta Samuel le dijo] al rey Saúl, «[El espíritu de Dios descenderá sobre ti,] profetizarás con ellos, y profetizarás con ellos, y profetizarás con ellos, y serás transformado en un hombre diferente» (1 Samuel X-6).

Rabbí Moisés Maimónides (Rambam): (1135-1204)
Destacado filósofo y codificador[11]

* * *

Dios ordenó que el hombre fuera naturalmente capaz de enseñar, entender y razonar con su propio intelecto, y así adquirir conocimiento por la observación de las cosas y sus propiedades. Sobre la base de este conocimiento, el hombre es capaz de inferir y deducir cosas que no son evidentes a primera vista y obtener un conocimiento más completo de ellas. Éste es el proceso natural de la razón humana.

---

11. *Iad, Iesodei HaTorah* 7:1. Esto contiene una alusión a los diez pasos mencionados en la nota 32. Se puede encontrar una traducción completa al inglés de esto en mis Principios de Maimónides (Conferencia Nacional de Juventud Sinagogal, Nueva York, 1975) p. 33ff.

Sin embargo, además de esto, Dios también decretó que existieran otros medios, mucho más elevados, de adquirir conocimiento. Esto es lo que llamamos «iluminación otorgada».

La iluminación otorgada consiste en una influencia concedida por Dios que utiliza varios medios especialmente designados para este propósito. Cuando este influjo penetra en la mente de la persona, cierta información queda fijada en su intelecto. Él percibe esta información con claridad, sin ninguna duda o error, comprendiéndola completamente, con todas sus causas y efectos, así como su lugar en el esquema general. Esta iluminación se llama *Ruaj HaKodesh*.

De este modo, se puede obtener un conocimiento de cosas que de otro modo no sería accesible a la razón humana, pero de una manera mucho más clara. Y, al mismo tiempo, también se puede obtener información que no se podría obtener de otra manera a través de la mera lógica. Por ejemplo, información sobre acontecimientos futuros y misterios ocultos.

Esta experiencia puede tener lugar en muchos niveles diferentes. En ellos intervienen la intensidad de la influencia, el tiempo durante el cual llega al individuo, y la naturaleza de lo que se revela y comunica. En todos los casos, sin embargo, la influencia llega de tal modo que el individuo es claramente consciente de ella.

También es posible que esta influencia se extienda a la mente de una persona, de modo que ésta sea capaz de percibir claramente un determinado concepto sin ser consciente de esta influencia. En tal caso, la idea es experimentada como cualquier otra idea que surge espontáneamente en la mente. En un sentido más amplio, esto también se llama *Ruaj HaKodesh* o «influencia oculta», en palabras de los sabios, [aunque en realidad se trata de un nivel mucho más bajo]. Sin embargo, el verdadero *Ruaj HaKodesh* es una experiencia manifiesta para aquel que es altamente consciente de su influencia.

Hay otro nivel mucho más elevado que el *Ruaj HaKodesh*. Es el nivel de la verdadera profecía.

Se trata de un grado de inspiración en el que el individuo alcanza un nivel en el que literalmente se une a Dios de tal manera que realmente siente este apego. Entonces es claramente consciente de que Aquel a quien está ligado es Dios. Esto se percibe con total claridad, con una conciencia que no deja lugar a duda alguna. El individuo está tan seguro de ello como lo estaría si se tratara de un objeto físico observado con sus sentidos físicos.

El concepto principal de la verdadera profecía es, pues, que un ser humano vivo alcance tal apego y vínculo con Dios. Esto en sí mismo es un estado de perfección extremadamente elevado. Sin embargo, también suele ir acompañado de cierta información e iluminación. A través de la profecía, uno puede obtener el conocimiento de muchas verdades elevadas relativas a los misterios ocultos de Dios. Estas cosas se perciben muy claramente, al igual que todo el conocimiento obtenido a través de la iluminación otorgada. Sin embargo, la profecía llega con mucha mayor intensidad que *Ruaj HaKodesh*.

Rabino Moshe Jaim Luzzatto (1707-1747)
Maestro cabalista y filósofo[12]

---

12. *Derej HaShem* 3:3:1-4. Mi traducción, *El Camino de Dios*, está publicada por Phillip Feldheim, Inc. (Nueva York, 1977). (Hay traducción española en Ediciones Obelisco, Barcelona, 2007).

Segunda parte

LOS PROFETAS

Capítulo uno

El poder espiritual

Mucha gente considera que los profetas de la Biblia no eran más que portavoces y agitadores, que hablaban en contra de las injusticias de sus pueblos y gobiernos. Lo que no se sabe es que esos profetas se encontraban entre los más grandes místicos de todos los tiempos, comprometidos activamente con las más elevadas técnicas meditativas. El gran poder espiritual de los profetas queda probado por la fuerza de su mensaje, que después de casi tres mil años, sigue influyendo sobre un amplio sector de la humanidad.

Una de las razones por las que los profetas no suelen ser reconocidos como místicos es porque, con la posible excepción de Ezequiel, casi no han dejado constancia de sus experiencias místicas. De sus técnicas, sólo las más vagas insinuaciones están registradas en la Biblia. Debemos confiar plenamente en las enseñanzas de los cabalistas, quienes preservaron algunas tradiciones de los profetas. Sólo en sus escritos podemos comprender el fascinante mundo de los profetas de la Biblia.

Antes de empezar a hablar de los profetas, sería útil establecer el significado exacto de la palabra hebrea *Navie*, que significa «profeta». Algunas fuentes antiguas afirman que la palabra *Navie* (נביא) procede de la misma raíz que la palabra *Niv* (ניב), como en el versículo, «Él creó el fruto (*Niv*) de los labios» (Isaías LVII-19).[1] De acuerdo con esto, la connotación principal de la palabra *Navie* es, en efecto, la de un portavoz, especialmente el que habla en nombre de Dios. Sin embargo, hay otros versículos en los que esta palabra se refiere a un portavoz en general, como en el pasaje «Aarón, tu hermano, será tu profeta (*Navie*)» (Éxodo VII-1). Según este punto de vista, la palabra *Nava* (נבא), que significa «profetizar», se refiere

---

1. Rashi sobre Éxodo I, Rashbam sobre Génesis XX-7. Esto, sin embargo, es fuertemente discutido por Ibn Ezra en Éxodo 7:1, Rashi, *Bava Kama* 60a «Niv».

principalmente a la expresión verbal de la revelación. Como tal, puede estar relacionada con la palabra *Navaj* (נבח), que significa «ladrar» o «gritar».

Otros, sin embargo, rebaten esta opinión y sostienen que la principal connotación de la palabra *Navie* es la de un canal a través del cual puede fluir la fuerza espiritual. El eminente filólogo rabino Salomón Pappenheim (1750-1814) afirma que está relacionada con la raíz *Boa* (בוא), que significa «llegar» o «traer».[2] Según esto, la principal capacidad de un profeta consiste en traer el poder espiritual, canalizándolo allí donde se necesita.

Como veremos, esta opinión también se apoya en un relato bíblico de una de las experiencias de Ezequiel.

Otro gran lingüista y filósofo, el rabino Samson Raphael Hirsch (1808-1888), expresó una opinión similar. En su opinión, la palabra *Navie* está estrechamente relacionada con la raíz *Nava* (נבע), que significa «fluir» o «brotar», como en el caso de un manantial o fuente.[3] Esta palabra también tiene la connotación de expresión y comunicación.[4] El profeta o *Navie* es entonces aquel que puede «brotar» con el espíritu, comunicándose con lo Divino y expresar la voluntad de Dios.

Otra raíz estrechamente relacionada es *Bib* (ביב) o *Navuv* (נבוב), ambas significan «hueco», como en el versículo: «Un hombre hueco (*navuv*)» (Job XI-12). En este contexto, un profeta sería el que se vacía totalmente, vaciándose de todo ego, de modo que, como una pipa vacía (*Bib*), se convierte en un canal para el Espíritu Divino. Tal persona estaría entonces en el nivel del rey David, que dijo de sí mismo: «Mi corazón está hueco dentro de mí» (Salmos CIX-:22). Esto indica que David había aniquilado totalmente su ego para que pudiera ser un recipiente de la Divinidad.[5]

---

2. Ieriot Shlomo, Volumen 1; Dihernfurth, 1788), p. 96a. Véase *Bava Batra* 12a, respecto a Salmos XC-12.
3. Comentario sobre Génesis XX-7, Éxodo VII-1, Números XI-25.
4. Cf. Salmos XIX-3, 49:8, 78:2, 119:171. Véase Radak, *Sherashim*.
5. Véase *Avodah Zarah* 4b, *Likutei Amarim* (*Tania*) 1:1.

Aunque este análisis filológico es importante, la imagen es aún más clara cuando nos fijamos en el contexto de la palabra. También aquí vemos que la palabra *Nava*, que significa «profecía», denota algo más que hablar en nombre de Dios.

El ejemplo más claro de esto ocurre con Ezequiel, en su visión del Valle de los Huesos Secos. Antes de que estos huesos pudieran ser resucitados, Dios dijo al profeta: «Profetiza al espíritu, profetiza, hijo de hombre, y di al espíritu: así dice el Señor Dios, de los cuatro vientos, ven espíritu, y sopla en estos cadáveres para que vivan» (Ezequiel XXXVII-9). Lo que Dios le está diciendo a Ezequiel no es que sea portavoz ni predecir el futuro, sino canalizar la fuerza espiritual hacia esos cadáveres. Tan potente era esta fuerza espiritual que literalmente tenía el poder de devolver la vida a los muertos.[6]

En este relato se le dice a Ezequiel que profetice tres veces, y en cada uno de estos casos, es evidente que su profecía es una canalización y «aportación» de fuerza espiritual. Resulta significativo ver que, en estos tres lugares, la palabra *Nava*, que significa «profetizar», es paralela en el mismo versículo a la raíz *Boa*, que significa «venir» o «tracr».[7] La aparición en los tres casos de estas dos palabras en el mismo versículo no es una coincidencia, sino un juego de palabras deliberado, que indica que el profeta es alguien que trae fuerzas espirituales.

Esta interpretación aclara varios pasajes muy oscuros que hablan de profecía. La primera mención de un profeta en la Biblia se produce después de que el rey Abimelec intentara quitarle a Sara a Abraham, y Dios le advirtió en un sueño que no lo hiciera. Dios le dijo a Abimelec: «Ahora, pues, vuelve la mujer a su marido; porque es profeta, y orará por ti» (Génesis XX-7). Hay muchos intentos forzados que intentan explicar por qué este versículo menciona que Abraham era profeta, y qué efecto tendría esto en su oración. Pero

---

6. En los diez pasos, mencionados en parte 1, nota 32, encontramos que *Ruaj HaKodesh* trae la resurrección de los muertos.
7. Ezequiel XXXVII-4, 9, 12.

si comprendemos que el principal poder de un profeta es la capacidad de canalizar la energía espiritual, la razón es obvia.

A través de su oración, Abraham fue capaz de canalizar tal energía espiritual, por lo que era muy probable que su oración fuera eficaz.

Dios le dice a Moisés: «Mira, yo te he constituido dios para Faraón, y tu hermano Aarón será tu profeta» (Éxodo VII-1). Como ya hemos visto, es de este versículo en particular de donde numerosos comentaristas deducen que un profeta es ante todo un portavoz o intérprete. Pero, en realidad, si se examina detenidamente el relato, se descubre que fue Moisés, y no Aarón, quien habló con el faraón, lo que indica que Aarón nunca actuó como portavoz en este sentido. Pero Aarón fue quien realizó los primeros milagros. Por lo tanto, se decía que Aarón era el profeta de Moisés, ya que fue él quien canalizó la energía profética necesaria para realizar estos milagros.

Por supuesto, esta canalización de energía espiritual también podría ocasionalmente resultar en un mensaje profético. Ésta es, en realidad, la diferencia entre un profeta y los demás místicos. Mientras que la experiencia de otros místicos es indistinta e inarticulada, la del profeta es clara y concreta. Una de las mayores dificultades del místico es describir la experiencia mística, debido a su naturaleza indefinible e incomunicable, donde incluso en los niveles más elevados, no es más que una sensación general de poder espiritual. En cambio, el verdadero profeta puede canalizar ese poder espiritual enfocándolo con la claridad suficiente para obtener un mensaje o una visión inequívoca.

La capacidad de concentrar la energía espiritual era una tarea que requería gran disciplina y muchos años de entrenamiento intensivo. La palabra utilizada en la Biblia para describir el proceso de búsqueda de la profecía es *Hit-nave* (התנבא), el sentido reflexivo (*hit-pael*) del verbo *Nave*, «profetizar». Esto significa literalmente que el individuo se «profetiza a sí mismo». Esto significa que enfoca la energía espiritual en sí mismo, tratando de obtener un mensaje claro en un estado místico.

Otra forma en que un profeta puede concentrar el poder espiritual es cuando hace que otros alcancen una experiencia profética. Un caso claro de esto ocurre con los setenta ancianos, cuando Dios dijo a Moisés. «Tomaré del espíritu que está en ti, y lo pondré en ellos» (Números XI-17).

Una idea similar se encuentra en el caso de la experiencia profética del rey Saúl, donde Samuel planeó que un grupo de sus discípulos concentrara la energía profética sobre Saúl. La Escritura relata: llegó allí a la meseta y vio un grupo de profetas que venía hacia él, y un espíritu de Dios se apoderó de él, y profetizó entre ellos» (I Samuel X-10).

En el más sorprendente de estos casos, encontramos en realidad que la gente fue obligada a un estado profético en contra de su voluntad. David había escapado de la ira del rey Saúl, y había escapado a la academia de Samuel en Ramá. La Biblia relata: «Saúl envió mensajeros para llevarse a David, pero cuando vieron a la compañía de profetas, profetizando con Samuel, que estaba allí, ellos también se profetizaron a sí mismos» (1 Samuel XIX-20). Nótese que el versículo afirma que el grupo de Samuel «profetizaba» (*Nava*) en un sentido directo, lo que indica que transmitían y concentraban energía profética sobre los hombres de Saúl. Esto, a su vez, hizo que los mensajeros de Saúl «se profetizaran a sí mismos» (*Mit-nave*), en un sentido reflexivo, en el que se vieron abrumados por una experiencia profética dirigida hacia su interior.

El relato continúa describiendo cómo Saúl envió tres grupos de mensajeros, y cómo todos fueron hechos cautivos de esta manera. Saúl mismo fue finalmente a capturar a David, y él también fue vencido por un espíritu de profecía. A menos que digamos que la fuerza profética podía ser proyectada y forzada sobre otra persona, todo este relato debe interpretarse de un modo muy alejado de su sentido literal.

Hay muchos niveles de profecía. Así como una persona puede tener mayor inteligencia que otra, así un profeta puede ser más grande en la profecía que otro.

Todos los profetas, sin embargo, tienen algo en común. Todos ellos ven su profecía sólo en sueños o visiones por la noche, o bien durante el día, en estado de trance. Esto es lo que quiere decir la *Torah* cuando dice: «[Si hay un profeta entre vosotros, entonces Yo, Dios], me daré a conocer a él en una visión - Yo le hablaré en sueños» (Números XII-6).

La profecía es también una experiencia traumática. Los miembros del profeta tiemblan, se desmaya y pierde el control de su conciencia. Todo lo que queda en su mente consciente es una clara comprensión de lo que está experimentando en ese momento.

Tenemos el caso de Abraham, «[Abraham cayó en trance] y un gran pavor se apoderó de él» (Génesis XV-12). De un modo parecido, Daniel describe su visión, diciendo: «[Vi esta gran visión y me volví impotente.] Mi apariencia fue destruida, y mi fuerza me abandonó. [Oí el sonido de sus palabras, y me sentí en el suelo en trance]» (Daniel X-8).

Cuando un profeta recibe un mensaje, éste le es dado en forma de alegoría. La interpretación de la alegoría se implanta de inmediato en la mente del profeta y él es consciente de su significado.

En algunos casos, el profeta divulgaba tanto la alegoría como su interpretación. En otros, únicamente revelaba la interpretación. Ocasionalmente, de lo único que quedaba constancia era de la alegoría, como ocurre con algunas profecías de Ezequiel y Zacarías. Todos los profetas, sin embargo, profetizaban únicamente con alegorías y metáforas.

Los individuos que pretendían llegar a profetizar eran conocidos con el sobrenombre de «hijos de los profetas».[8] Sin embargo, por

---

8. 1 Reyes XX-35; 2 Reyes II-3, 5, 7, 15, IV-1, 38, V-22, VI-1, IX-1. Véase Targum *ad loc.*

muy apropiadamente que lo hicieran todo, es posible que la Presencia Divina descendiera a ellos o que no lo hiciera.

Un profeta a veces experimentaba la profecía únicamente en beneficio propio. Entonces esto viene a ampliar su perspectiva de las cosas, a aumentar su conocimiento y a ayudarle a aprender más sobre estos elevados conceptos.

En otras ocasiones, un profeta puede ser enviado a un grupo de personas, a una ciudad o al gobierno de una nación, para prepararlos e instruirlos, o evitar que obren mal.

Rabbí Moisés Maimónides[9]

* * *

La experiencia profética debe llegar a través de intermediarios. Un ser humano no puede conectarse a sí mismo directamente con la gloria de Dios y percibirla como si estuviera contemplando a un hombre que estuviera delante de él. La percepción de Dios que implica la verdadera profecía tiene que darse a través de siervos de Dios, cuya tarea consiste en proporcionar dicha visión.

Estos intermediarios actúan como lentes, a través de las cuales el individuo ve la Gloria. Sin embargo, lo que el profeta percibe es la Gloria misma y no otra cosa. La manera en que la ve dependerá del intermediario en concreto, al igual que lo que uno ve a través de una lente depende del tipo de lente en particular.

Hay, por lo tanto, muchos grados de percepción, dependiendo de la lente (espiritual) (*lspaklaria*) implicada. Puede hacer que el sujeto aparezca muy lejos o muy cerca. Además, puede haber en la propia lente diferentes grados de transparencia u opacidad.

Cuando Dios se revela y otorga Su influencia, el profeta se siente abrumado. Su cuerpo y todos sus miembros inmediatamente comienzan a temblar, y se siente como si estuviera al revés.

Sin embargo, esto se debe a la naturaleza de lo físico, que no puede tolerar la revelación de lo espiritual, y es particularmente

____

9. *Iad, Iesodei HaTorah* 7:2-7.

cuando se trata de la revelación de la Gloria de Dios. Los sentidos del profeta dejan de funcionar, y sus facultades mentales ya no son independientes. Todas ellas dependen de Dios y del influjo que le está siendo otorgado.

Como resultado de este apego del alma (*Neshamah*), ésta alcanza un grado de iluminación muy superior al del intelecto humano normal. Esta iluminación no le viene por su propia naturaleza, sino como consecuencia de que la Raíz más elevada está ligada a ella. Por lo tanto, el alma percibe las cosas de una manera mucho más elevada de la que podría alcanzar por sí misma.

Por lo tanto, el poder de la profecía es mucho mayor que el de la *Ruaj HaKodesh*, incluso en lo que se refiere a la información que proporciona. La profecía puede aportar la mayor iluminación posible para el hombre, aquella que comporta un aspecto de su ser ligado a su Creador.

La revelación de la Gloria de Dios es lo que inicia todo lo que se transmite en una visión profética. A continuación, se transmite a la facultad imaginativa en el alma del profeta (*Nefesh*), que a su vez forma imágenes de los conceptos impulsados sobre ella por la fuerza de la revelación suprema. Sin embargo, la imaginación no inicia nada por sí misma.

Estas imágenes, a su vez, transmiten al profeta ciertas ideas e informaciones, cuya concepción procede del poder de la Gloria revelada. El tema permanece fijo en la mente del profeta, y cuando éste vuelve a su estado normal, este conocimiento es retenido con perfecta claridad...

Cuando uno alcanza un nivel completo de profecía, todo le llega con clara percepción y pleno conocimiento. Esto se le transmite a través de los pasos esbozados, donde primero se concibe en forma de imágenes y luego se traduce en ideas. Cuando un individuo comprende claramente su profecía, también toma conciencia de que es verdaderamente un profeta.

Entonces es totalmente consciente del hecho de que estaba ligado a Dios, y de que fue Dios mismo quien se le reveló, actuando sobre él de esta manera. Se da cuenta de que las imágenes que concebía eran visiones proféticas, resultado de esta influencia de Dios. El conocimiento de su asunto queda fijado permanentemente en su mente. El profeta no tiene entonces ninguna duda sobre la verdad de su profecía, o sobre su origen o sus resultados.

Rabbí Moshe Jaim Luzzatto[10]

10. *Derej HaShem* 3:3:5-3:4:1.

Capítulo dos

La visión de Ezequiel

En muy pocos lugares los profetas nos proporcionan alguna aclaración sobre sus experiencias, de modo que podamos comprender exactamente lo que implica la profecía. Una de las más fascinantes es la visión de Ezequiel, en la que la riqueza de detalles es tal que dificulta el análisis. La visión de Ezequiel ha sido objeto de muchas interpretaciones, pero la más clara se encuentra en las enseñanzas de las escuelas cabalísticas clásicas.

En general, el profeta centra su mirada en cuatro niveles. El más prominente es el de las *Jayot* (singular *Jayah*), «viviente». Las *Jayot* son identificadas más tarde como los Querubines, ya que el profeta dice: «Los Querubines montados - ésta es la *Jayah* que vi junto al río Quebar» (Ezequiel X-15). El Quebar, por supuesto, es el lugar donde Ezequiel tuvo su gran visión original.

Por debajo del nivel de las *Jayot*, el profeta vio los *Ofanim* (singular, *Ofan*), una criatura angélica parecida a una rueda. Ezequiel dice así: «Mientras contemplaba las *Jayot*, y he aquí que había había un *Ofan* en la Tierra, cerca de las *Jayot*» (Ezequiel I-15).

El profeta ve entonces un firmamento sobre las cabezas de las *Jayot*. Luego mira aún más alto, y describe lo que ve: «Sobre el firmamento que estaba sobre sus cabezas había la semejanza de un Trono… y sobre la semejanza del Trono estaba la semejanza de la apariencia de un Hombre sobre él desde arriba» (Ezequiel I-26). Aquí tenemos los dos niveles siguientes, primero el del Trono, y luego el del «Hombre» sobre el Trono.

Los cabalistas explican que Ezequiel había tenido la visión de los cuatro mundos de arriba. La literatura cabalística habla de estos mundos con gran detalle, y se dice que corresponden a las cuatro letras del *Tetragrammaton*. Los nombres de estos mundos, los mundos son *Atzilut* (Cercanía), *Beriah* (Creación), *Yetzirah* (Formación) y *Asiah* (Creación). A ellos alude el versículo: «Todo lo que es llamado por Mi Nombre, para Mi Gloria (*Atzilut*), Yo lo he creado (*Beriah*), lo he formado (*Yetzirah*), y lo he hecho (*Asiah*)» (Isaías XLIII-7).[1]

El más elevado de estos cuatro universos se llama *Atzilut,* que en este versículo se llama «Mi Gloria». Es el Universo de las Diez Sefirot, las Emanaciones Divinas, y en la visión de Ezequiel está representado por el «Hombre» en el Trono.

Para entender esto, debemos tener en cuenta que, en muchos lugares, la Biblia habla de Dios como si tuviera un cuerpo. Encontramos antropomorfismos como «mano de Dios» y «ojo de Dios». A primera vista, esto es algo difícil de entender, ya que está bien establecido que Dios es absolutamente incorpóreo, no tiene cuerpo, ni figura, ni forma.

Un antiguo Midrash resuelve esto, enseñando que «Dios toma prestados atributos de Sus criaturas para expresar Su relación con el mundo».[2] Aun así, no se nos da ninguna pista sobre lo que representan los diversos términos antropomórficos. Sin embargo, la Cábala dice que las diversas partes del «Cuerpo» Divino representan las diversas Sefirot.

Una de las expresiones más claras de ello se encuentra en la introducción de Elías al *Tikunei Zohar*, donde dice:

El amor es la mano derecha,
el poder es la izquierda,
la Gloria es el cuerpo,
la Victoria y el Esplendor son los dos pies…
La Sabiduría es el cerebro,
el Entendimiento está en el corazón…
Y la Corona de todo
es el Lugar donde descansan los Tefillin….

---

1. *Mesejta Atzilut* 5, *Pardes Rimonim* 19:2,3. Cf. Zohar 3:92a, *Tikunei Zohar* 5b. Véase Isaac de Acco, *Otzar HaJaim* (Guenzberg Ms. 775) pp. 92b, 112a, 116a.
2. *Mekhilta*, Rashi sobre Éxodo 19:18, *Tanjuma, Yitro* 13, *Bereshit Rabbah* 27:1, *Kohelet Rabbah* 2:24.

Elías, por supuesto, se está refiriendo a las Sefirot. Las siete Sefirot inferiores son aludidas en el versículo: «Tuyas, oh Dios, son la Grandeza *(Guedulah* o Amor, *Hessed)*, el Poder *(Guevurah)*, la Gloria *(Tiferet)*, la Victoria *(Netzaj)* y el Esplendor *(Hod)*, porque todo lo que hay en el Cielo y en la Tierra *(Iesod)*, Tuyo, oh Dios, es el Reino *(Maljut)*» (I Crónicas XXIX-11).[3] Dado que éstas representan las diversas partes del «Cuerpo» Divino, Ezequiel los vio como un «Hombre» en el Trono.

El mundo siguiente es *Briah*, el mundo de la Creación, conocido también como el mundo del Trono. Está representado por el Trono en la visión de Ezequiel. Puesto que él ve este Trono «sobre el firmamento que está sobre las cabezas» de las Jayot, «es obvio que el mundo del Trono es más elevado que el de los ángeles».

En general, el concepto de «sentarse» es el de «relajarse» y, por lo tanto, cuando decimos que Dios «se sienta», alegóricamente estamos aludiendo al hecho de que se «rebaja» para ocuparse del mundo.[4] El Trono es donde Dios «se sienta» y, por lo tanto, es el vehículo de este «abajamiento» y este ocuparse, que es la suma total de las Fuerzas que intervienen en Su providencia.[5]

La parte del alma humana que alcanza el nivel de *Briah* es la de la *Neshamah*. Este nivel superior del alma es «aliento de Dios» y representa la primera etapa del «rebajamiento» de Dios para crear al hombre y ocuparse de su destino.

El siguiente nivel es *Yetzirah,* el mundo de la Formación, que es el mundo de los ángeles. Los ángeles son vistos principalmente como mensajeros, y, por lo tanto, este mundo es visto como un enlace entre la providencia de Dios y el mundo inferior.

El nivel de *Yetzirah* corresponde al nivel de *Ruaj* en el alma humana, y en el alma, éste es también el nivel que implica comunicación. Por eso se suele decir que la profecía viene a través de los

---

3. *Mesejta Atzilut* 14. En los escritos de muchos cabalistas anteriores, *Hessed* (Amor) es llamado *Guedulah* (Grandeza), y *Iesod* (Fundación) es llamado *Kol* (Todo).
4. *Zohar* 2:37a, *Avodat HaKodesh, Tajlit* 42. Cf. *Moreh Nebujim* 1:11.
5. Rabbí Moisés Cordovero, *Shiur Komah* 21.

ángeles.[6] Puesto que Ezequiel está viendo su visión en el nivel de *Ruaj,* parece estar en el mundo de las *Jayot.*

Por último, está *Asiah,* el mundo de la Creación, que incluye el mundo físico y su contraparte espiritual. Los ángeles de *Asiah* son los *Ofanim* o «Ruedas», y estos son los *Ofanim* que Ezequiel vio debajo de las *Jayot.* En el alma humana, *Asiah* corresponde al nivel de *Nefesh,* que es donde lo espiritual interactúa con lo físico.

Según los cabalistas, el propio Ezequiel alcanzó el nivel de *Yetzirah,* y éste fue el punto de vista de su visión. Por eso relata que «vio» a las *Jayot,* ya que éstas son los ángeles que habitan en *Yetzirah.* El Trono, sin embargo, estaba en el mundo por encima de aquel en el que Ezequiel tenía su punto de observación, y éste sólo se veía como un reflejo en *Yetzirah.* Por eso el profeta dice que vio «la semejanza de un trono». Por último, el «Hombre del Trono» es visto dos niveles por encima de él, y su visión es como el reflejo de un reflejo. Por lo tanto, lo describe como «una semejanza de la apariencia de un Hombre».[7]

Un examen minucioso de la visión de Ezequiel muestra, pues, que una gran parte de la estructura del sistema cabalístico se deriva de la visión de Ezequiel. Sin embargo, éste no es el tema principal de nuestra exposición, mucho más importante es la tradición talmúdica contiene la clave de todo el método profético. En el lenguaje del Talmud esto se llama *Maaseh Merkava,* o la «Obra del Carro».[8]

El término en sí, utilizado en relación con la visión de Ezequiel, merece un examen. En realidad, el término Merkava o Carro no aparece en ninguna parte de todo el libro de Ezequiel, y para algunos es un término muy desconcertante. A primera vista, no parece haber ninguna conexión entre esta visión y cualquier tipo de «Carro».

---

6. *Iad, Iesodei HaTorah* 7:6, *Moreh Nebujim* 2:34.

7. Malbim *ad loc., Shiur Komah* 22. Cf. *Tana DeBei Eliahu Rabbah* 31 (120b).

8. *Jaguigah* 2:1 (11b), 13a. Por las *Hejalot Rabatai* vemos que esto se refiere a la práctica y no a la mera teoría.

Un lugar en la Biblia donde hallamos esta palabra en tal contexto es en el versículo «Oro para el patrón del Carro *(Merkava)*, los Querubines» (I Crónicas XXVIII-18). Las Escrituras emplean la palabra Merkava para describir a los Querubines del Arca. Pero, como hemos visto, Ezequiel identifica a los Querubines con las *Jayot* vistas en su visión inicial. Por lo tanto, el concepto de Carro sí se relaciona con su visión.[9]

La palabra Merkava (מרכבה) procede de la raíz *Rakhav* (רכב). La relación entre los Querubines y el Carro está, pues, relacionada con el concepto expresado en el versículo, «[Dios] cabalgó sobre un Querubín y voló, y se abalanzó sobre alas de espíritu» (Salmos XVIII-11). Es significativo observar que la raíz de la palabra Querubín (כרוב) y la palabra *Rakhav* (רכב), que significa «cabalgar», tienen exactamente las mismas letras.

En general, el concepto de montar a caballo es el de viajar y salir del lugar natural de uno. Cuando la Biblia dice que Dios «cabalga», significa que abandona su estado natural en el que es absolutamente incognoscible e inconcebible, y se deja ser visualizado por los profetas. Se dice que «se abalanza con alas de espíritu *(Ruaj)*». El término «alas» alude a coberturas, lo que significa que Dios cubre y oculta Su gloria, sin revelarla completamente, ya que, si lo hiciera, el profeta quedaría abrumado y cegado. La fuerza espiritual a través de la cual la visión es concedida es *Ruaj,* relacionada con *Ruaj HaKodesh,* que ya se ha comentado en la sección anterior.

La palabra Merkava viene de la raíz *Rakhav,* «montar», y se refiere a «montar en un vehículo». En general, pues, se refiere a todo el sistema y el mecanismo a través de los cuales Dios se comunica con nosotros, «sale de Su lugar» y se revela a los que lo merecen.

La idea de *Maaseh Merkava* u «Obra de la Merkava» se refiere a la puesta en marcha de una Merkava, es decir, colocarse en un estado en el que se puede alcanzar una visión Merkava. Según el contexto en el que se utiliza este término en los textos de la Cábala es obvio que *Maaseh Merkava* se refiere a las técnicas de meditación para alcanzar esta experiencia mística. Por ejemplo, una prueba

____

9. Véase Ibn Ezra, Radak, *ad loc.*

muy antigua habla de que el individuo fabrica un «Carro de Luz», a través del cual asciende a los mundos superiores.[10]

Por consiguiente, la tradición talmúdica enseña que la visión de Ezequiel contiene al menos una alusión a las técnicas místicas de los profetas. Aunque toda la visión completa requiere estudio, tal vez la parte más importante puede ser su versículo inicial, que a menudo se ignora. El profeta dice: «Miré, y he aquí un viento tempestuoso que venía del norte, una gran nube y fuego centelleante, y un resplandor a su alrededor y, de en medio de ella, la visión del *Jashmal,* en medio del fuego» (Ezequiel I-4). En el capítulo siguiente hablaremos del significado del «resplandor» y del *Jashmal* en relación con dos tipos de meditación utilizados por el profeta. Pero, en general, este versículo requiere estudio, ya que muestra cómo el profeta entra realmente en su estado místico.

El *Zohar* enseña que el «viento tempestuoso», la «gran nube» y el «fuego centelleante» se refieren a los tres niveles de la *Klipah,* la «Cáscara», raíz de todo mal.[11] Estas confunden la mente y sirven de barreras para quien quiera ascender al dominio espiritual. Según el *Zohar,* también corresponden a las tres barreras visualizadas por Elías: «Un gran viento fuerte… un terremoto… y un fuego… y después del fuego, un fuego todavía pequeño» (Reyes XIX-11 y 12). En ambos casos, el profeta habla de niveles de experiencia que preceden a la verdadera profecía, pero en el caso de Elías, la Escritura es más explícita al afirmar que uno sigue al otro.

En la visión de Ezequiel, vemos la experiencia profética comenzando con una gran agitación, visualizada como un «viento tempestuoso». Literalmente, se trata de un *«Ruaj* tormentoso» (*Ruaj Sa'arah*) y, por lo tanto, también se puede traducir como un «espíritu tormentoso». Estas son las agitaciones naturales de la mente, que se vuelven muy exageradas cuando una persona alcanza un estado meditativo elevado. En la calma absoluta de su meditación, la men-

---

10. *Jaguigah* 13b. *Hejalot Rabatai* 21. Una traducción del texto se encuentra en *Meditación y Cábala* del mismo autor publicado por Ediciones Obelisco, Barcelona, 2024.

11. *Zohar* 2:81a, 2:131a, 2:203a, 3:221a, *Pardes Rimonim* 25.7, *Shaarei Orah* 5 (Varsovia, 1883) p. 50b. Estos confunden la mente. Véase *Zohar* 3:123a, *Tikunei Zohar* 11b, *Reshit Jojmah, Shaar HaYirah* 4 (16c).

te se vuelve altamente sensible, y el menor pensamiento extraño es como un terremoto, un tornado, que perturba esta calma. Ésta es la primera barrera que el profeta debe atravesar.[12]

El profeta se encuentra entonces con una «gran nube». Se trata de una opacidad de la mente, donde nada puede verse ni experimentarse, y que desalentará al profeta si no tiene la voluntad de seguir adelante. El profeta intenta ascender a niveles superiores, pero se encuentra con una barrera que no puede superar. Debe trabajar y esforzarse por penetrar esta nube, que es la segunda *Klipah*.

Como la experiencia profética de Elías fue auditiva, y no visual como la de Ezequiel, describe la segunda barrera como un «ruido fuerte», *Ra'ash*, en hebreo. Aunque a menudo se traduce como un «terremoto», en este contexto es más como un ruido limpio indiferenciado, en el que no se distingue ningún sonido coherente. Como tal, es el equivalente auditivo de una nube opaca.

Lo tercero que el profeta experimentó fue sobrecogimiento, vergüenza y pavor, ejemplificado por el fuego. Mientras que la nube es una anulación de las sensaciones, el fuego es una sobreabundancia de éstas, que amenaza y repele al profeta. La nube muestra al profeta que quien no es digno no verá nada, mientras que el fuego indica que también puede haber un gran peligro.

El profeta que se adentra en la experiencia mística experimenta primero una fuerte agitación, luego una sofocante falta de sensaciones y, finalmente, una ardiente sobreabundancia de éstas. Debe entonces proseguir su ascenso espiritual hasta alcanzar el nivel de *Nogah,* el «resplandor». Por el contexto en el que la palabra se encuentra, se refiere a una luz que brilla en la oscuridad, y es en este mismo sentido en el que normalmente se emplea la palabra para denotar el alba y el crepúsculo. Lo que el profeta debe hacer es borrar todas estas sensaciones de tormenta, nube y fuego, que son aspectos de la *Klipah* y oscuridad espiritual, y concentrarse en la luz que brilla desde esta oscuridad.

---

12. Cf. Job XL-6, 1 Reyes II-1,11.

Cuando el profeta alcanza este nivel, su ego se anula totalmente y se silencia toda sensación. Entonces alcanza el nivel del *Jashmal,* que es idéntico a la «vocecita suave» de Elías. El Talmud afirma que la palabra *Jashmal* se compone de dos palabras. *Jash,* que significa «silencio», y *Mal,* que indica «habla». En este nivel, el profeta experimenta el «silencio que habla». Éste es el nivel de silencio a través del cual puede oír la palabra de Dios o tener una verdadera visión divina.

A continuación, la Biblia describe toda la visión de Ezequiel, incluyendo los niveles de las *Jayot,* el Trono y el Hombre en el Trono. Todos estos son elementos del Carro, el sistema a través del cual Dios se revela y controla las riendas de la creación. Sólo después de visualizar toda la estructura el profeta es capaz de enfocar su visión con suficiente claridad para escuchar un mensaje profético. El relato termina así: «Caí de bruces y oí una voz que hablaba» (Ezequiel I-28). Como hacen notar los comentarios, todos los profetas visualizaban realmente toda la Merkava antes de oír una voz, pero Ezequiel fue el único que la describió explícitamente.[13]

El renombrado filósofo y cabalista Rabbí Moisés ben Najman (Ramban: 1194-1270) señala que el relato de la Merkava que aparece en el Libro de Ezequiel «contiene los Nombres que son las llaves de las Cámaras supernas».[14] Uno tiene la fuerte impresión de que algunos fragmentos de este relato se repetían, como un mantra, para llevar a la persona al estado místico. Varios cabalistas dicen esto explícitamente con respecto al primer versículo de Ezequiel, «En el año trigésimo, en el cuarto mes, en el quinto día del mes, mientras yo estaba entre los cautivos junto al río Quebar, cuando los cielos se abrieron y vi las visiones de Dios» (Ezequiel I-1). Los cabalistas opinan que, en el original hebreo, este versículo contiene 72 letras[15]. Por lo tanto, sería muy parecido al nombre de 72 letras, del que se habla a menudo como de un mantra, especialmente en

13. Radak, Abarbanel, ad loc., de *Devarim Rabbah* 7:8. Véase Rashi, *Jaguigah* 13b «Kall», *Moreh Nebujim* 3:6.

14 *Torat HaShem Temimah* (en Kitvey Ramban, Jerusalén, 1963) p. 168.

15. Véase *Minjat Shai ad loc.*, Ibn Ezra, Recanati, Tzioni, sobre Éxodo XIV-19.

los escritos del Rabbí Abraham Abulafia (1240-1300).[16] De las palabras de estos cabalistas se desprende que todo este versículo puede ser interpretado como un mantra que se repite una y otra vez hasta que «se abren los cielos».

En la mayoría de las ediciones de la Biblia, sin embargo, este versículo no contiene 72 letras, sino 74. Esto se debe a algunas variantes poco significativas en la Biblia, sobre todo en los últimos libros de los Profetas. Lo que lo hace muy significativo es el hecho de que el cuarto versículo «Miré y vi un viento huracanado del norte» tiene exactamente 73 letras. Pero, con una pequeña variación en el versículo, también podría tener 72. Se podría conjeturar que este versículo podría haber sido utilizado como recurso meditativo, para aquellos que deseaban ascender a un nivel por encima de la mera «apertura de los cielos». De hecho, esto puede haber formado parte de la disciplina de la *Maaseh Merkavah*.

Un tercer versículo que se acerca mucho a tener 72 letras es «Y sobre el firmamento que estaba sobre sus cabezas había la semejanza de un Trono...» (Ezequiel I-26). Este versículo tiene 71 letras, pero, de nuevo, con un ligero ajuste ortográfico, también podría tener 72. Esto podría utilizarse como recurso para visualizar los niveles superiores de *Briah* y *Atzilut*.

En el Libro del Éxodo (XIV-19-21), hay tres versículos que también tienen exactamente 72 letras cada uno. De estos tres versículos se deriva el Nombre de los Setenta y dos, que desempeña un papel importante en toda la meditación de cabalística.[17] Lo que es una posibilidad muy interesante es que estos tres versos de Ezequiel puedan utilizarse también de manera similar.

En cualquier caso, la literatura clásica de la Cábala no dice nada sobre el uso de estos versículos, y tampoco nos dice nada sobre el

---

16. Particularmente en *Jaie Olam HaBah* y en *Sefer HaJeshek*. Este sistema también se discute a fondo en *Shaarei Kedushah*, Parte Cuatro. Es mencionado por el Rabino David ben Zimra (Radvaz), *Maguen David, Vav.*

17. Bahir (Jerusalén, 1951) #94, 107, 110; *Zohar* 2:270a, *Rashi*, Sucá 45a «Ani», *Pesikta Zutrata* sobre Éxodo 33:21. Se vocaliza en *Pardes Rimonim* 21:5. Para una explicación de este Nombre, véase *Raziel HaMalaj* (edición de Margolies) p. 54ff.

uso del relato de la visión de Ezequiel con fines místicos. Todo lo que tenemos son conjeturas, por interesantes que sean. Pero además de esto, existe una extensa literatura que describe cómo se puede alcanzar un estado profético.

Los tres versículos de Ezequiel compuestos de 72 letras cada uno

וַיְהִי בִּשְׁלֹשִׁים שָׁנָה, בָּרְבִיעִי בַּחֲמִשָּׁה לַחֹדֶשׁ, וַאֲנִי בְתוֹךְ-הַגּוֹלָה, עַל-נְהַר-כְּבָר; נִפְתְּחוּ, הַשָּׁמַיִם, וָאֶרְאֶה, מַרְאוֹת אֱלֹהִים:

Y fue que, a los treinta años, en el mes cuarto, a los cinco del mes, estando yo en medio de los cautivos junto al río de Quebar, los cielos se abrieron, y vi visiones de Dios (I-1).

וָאֵרֶא וְהִנֵּה רוּחַ סְעָרָה בָּאָה מִן-הַצָּפוֹן, עָנָן גָּדוֹל וְאֵשׁ מִתְלַקַּחַת, וְנֹגַהּ לוֹ, סָבִיב; וּמִתּוֹכָהּ--כְּעֵין הַחַשְׁמַל, מִתּוֹךְ הָאֵשׁ:

Y miré, y he aquí un viento tempestuoso venía del aquilón, y una gran nube, y un fuego que venía revolviéndose, y tenía en derredor suyo un resplandor, y en medio de él, en medio del fuego, una cosa que parecía como de *Jashmal* (I-4).

וּמִמַּעַל, לָרָקִיעַ אֲשֶׁר עַל-רֹאשָׁם, כְּמַרְאֵה אֶבֶן-סַפִּיר, דְּמוּת כִּסֵּא; וְעַל, דְּמוּת הַכִּסֵּא, דְּמוּת כְּמַרְאֵה אָדָם עָלָיו, מִלְמָעְלָה:

Y sobre el cielo que estaba sobre sus cabezas, había una figura de un trono que parecía de piedra de zafiro; y sobre la figura del trono había una semejanza que parecía de hombre sentado sobre él (I-26).

La Visión de Ezequiel

Y fue que, a los treinta años, en el mes cuarto, en el cinco del mes, estando yo en medio de los cautivos junto al río de Quebar, los cielos se abrieron, y vi visiones de Dios.

(A los cinco del mes, que fue en el quinto año de la transmigración del rey Joaquín, vino Palabra del Eterno a Ezequiel, sacerdote, hijo de Buzi, en la tierra de los caldeos, junto al río de Quebar; y vino allí sobre él la mano del Eterno).

Y miré, y he aquí un viento tempestuoso venía del aquilón, y una gran nube, y un fuego que venía revolviéndose, y tenía en derredor suyo un resplandor, y en medio de él, en medio del fuego una cosa que parecía como de *Jashmal,* y en medio de ella, la figura de cuatro animales. Y éste era su parecer: había en ellos semejanza de hombre. Y cada uno tenía cuatro rostros, y cuatro alas. Y los pies de ellos eran derechos, y la planta de sus pies como la planta de pie de becerro; y centelleaban a manera de bronce muy bruñido.

Y debajo de sus alas, a sus cuatro lados, tenían manos de hombre; y sus rostros y sus alas por los cuatro lados. Con las alas se juntaban el uno al otro. No se volvían cuando andaban; cada uno caminaba en derecho de su rostro.

Y la figura de sus rostros era rostro de hombre; y rostro de león a la parte derecha en los cuatro; y a la izquierda rostro de buey en los cuatro; asimismo había en los cuatro, rostro de águila. Tales eran sus rostros; y tenían sus alas extendidas por encima, cada uno dos, las cuales se juntaban; y las otras dos cubrían sus cuerpos. Y cada uno caminaba en derecho de su rostro: hacia donde el espíritu era que anduviesen, andaban; cuando andaban, no se volvían.

En cuanto a la semejanza de las *Jayot,* su parecer era como de carbones de fuego encendidos, como parecer de hachones encendidos: discurría entre los animales; y el fuego resplandecía (*nogah*), y del fuego salían relámpagos.

Y las *Jayot* corrían y tornaban a semejanza de relámpagos. Y estando yo mirando las *Jayot,* he aquí una rueda en la tierra junto a las *Jayot*, a sus cuatro caras.

Y el parecer de las ruedas y su obra semejaba la visión de un topacio. Y las cuatro tenían una misma semejanza: su apariencia y su obra como un *Ofan* en medio de otro *Ofan*.

Cuando andaban, andaban sobre sus cuatro costados; no se volvían cuando andaban. Y sus cercos eran altos y espantosos, y llenos de ojos alrededor en las cuatro.

Y cuando las *Jayot* andaban, los *Ofanim* andaban junto a ellas; y cuando las *Jayot* se levantaban de la tierra, los *Ofanim* se levantaban. Hacia donde el espíritu-*ruaj* era que anduviesen, andaban; hacia donde era el espíritu-*ruaj* que anduviesen, las ruedas también se levantaban tras ellos; porque el espíritu-*ruaj* de las *Jayot* estaba en los *Ofanim*.

Y sobre las cabezas de cada animal aparecía un cielo a manera de un cristal maravilloso, extendido encima sobre sus cabezas. Y debajo del cielo estaban las alas de ellos derechas la una a la otra; a cada uno dos, y otras dos con que se cubrían sus cuerpos.

Y oí el sonido de sus alas cuando andaban, como sonido de muchas aguas, como la voz del Omnipotente, cuando andaban; la voz de la palabra, como la voz de un ejército. Cuando se paraban, aflojaban sus alas.

Y se oía voz de arriba del cielo que estaba sobre sus cabezas, cuando se paraban y aflojaban sus alas, y sobre el cielo que estaba sobre sus cabezas, había una figura de un trono que parecía de piedra de zafiro; y sobre la figura del trono había una semejanza que parecía de hombre sentado sobre él.

Y vi una cosa que parecía como de ámbar, que parecía que había fuego dentro de ella, la cual se veía desde sus lomos para arriba; y desde sus lomos para abajo, vi que parecía como fuego, y que tenía resplandor alrededor que parecía el arco del cielo que está en las nubes el día que llueve, así era el parecer del resplandor alrededor. Ésta fue la visión de la semejanza de la gloria del Eterno. Y yo *lo* vi, y caí sobre mi rostro, y oí voz de uno que hablaba. Y me dijo: Hijo de hombre, está sobre tus pies, y hablaré contigo. Y entró espíritu en mí luego que me habló, y me afirmó sobre mis pies, y oí al que me hablaba.

Ezequiel I-1 a II-2

* * *

Y (Elías) allí se metió en una cueva, donde pasó la noche. Y vino a él palabra del Eterno, el cual le dijo: ¿Qué *haces* aquí, Elías? Y él respondió: he sentido un vivo celo por el Eterno Dios de los ejércitos; porque los hijos de Israel han dejado tu pacto, han derribado tus altares, y han matado a espada tus profetas; y yo solo he quedado, y me buscan para quitarme la vida.

Y él le dijo: sal fuera, y ponte en el monte delante del Eterno. Y he aquí el Eterno que pasaba, y un gran y poderoso viento que rompía los montes, y quebraba las peñas delante del Eterno; mas el Eterno no estaba en el viento. Y tras el viento un terremoto; mas el eterno no estaba en el terremoto.

Y tras el terremoto un fuego; mas el Eterno no estaba en el fuego. Y tras el fuego una voz apacible y delicada.

La cual cuando Elías *la* oyó, cubrió su rostro con su manto, y salió, y se puso en pie a la puerta de la cueva. Y he aquí que llegó una voz a él, diciendo: ¿Qué haces aquí, Elías?

Y él respondió: He sentido un vivo celo por el Eterno Dios de los ejércitos; porque los hijos de Israel han dejado tu pacto, han derribado tus altares, y han matado a espada tus profetas; y yo solo he quedado, y me buscan para quitarme la vida.

1 Reyes XIX-9 a 14

* * *

Algunas autoridades interpretan estos versículos como los reveladores de la esencia de la profecía…

Un viento tempestuoso alude al éxtasis del profeta cuando comienza a experimentar la profecía. Sus facultades se ven muy agita-

67

das, con gran éxtasis, de modo que le sobreviene un gran temblor, como si soplara un viento poderoso y un tornado lo arrojara de un lado a otro. Daniel se refería a esta experiencia cuando dijo: «mi aspecto se desvaneció, y mis fuerzas me abandonaron» (Daniel X-8). Elifaz también dijo: «entonces un espíritu (viento, *ruaj*) pasó por delante de mi rostro, y erizó los cabellos de mi carne» (Job IV-5). Ezequiel, cuando le sobrevino la profecía, había dicho: «un espíritu (viento, *ruaj*) me levantó, y detrás de mí oí una gran voz» (Ezequiel III-12).

Éste es, pues, el significado del versículo «un viento tempestuoso venía del aquilón». El versículo menciona un viento del norte en particular, y es sabido que este viento es muy fuerte. Por esa razón, escribe «el viento del norte provoca la lluvia» (Proverbios XXV-23). Por lo tanto, la Biblia dice que vino del norte para indicar la fuerza de ese viento.

La gran nube que vio Ezequiel alude a su ignorancia del futuro. Así, lo ve como si «cayera sobre él una oscuridad espantosa» (Génesis XV-12). Una nube le rodea porque no sabe cuál será el final.

El «fuego centelleante» alude a la afluencia de profecías que llega a su mente, lo cual, en su poder, es como fuego purificador. Esto es lo que Dios dijo a Jeremías: «¿No son mis palabras como fuego?» (Jeremías XXIII-29). El mismo Jeremías dijo también: «había en mi corazón como fuego ardiente» (Jeremías XX-9).

Rabí Isaac Abarbanel (1437-1508)
Comentarista y filósofo[18]

* * *

❖ Un extracto de *Las puertas de la santidad*

Las enseñanzas afirman que hay una sola Luz, en forma de Hombre, que irradia a través de los cuatro mundos, *Atzilut, Briah, Yetzirah* y *Asiah,* hasta los elementos físicos. Esta luz está unida a las

---

18. Comentario sobre Ezequiel I-4.

Luces del Hombre Superno, denominadas las Diez Sefirot. Éstas están revestidas de esta Luz, que se llama la «Luz de la Cantera de las Almas», y en ella están incluidas todas las almas de abajo.

Estas almas descienden al mundo físico, vistiéndose de cuerpos físicos. Sin embargo, sus raíces permanecen en la fuente de la que proceden, y sólo descienden las ramas de estas raíces. Lo hacen revistiéndose en cuerpos físicos en el mundo físico.

El caso se parece a las ramas de un árbol. Las ramas están sujetas al tronco de un árbol, pero cuando se doblan, pueden tocar el suelo, aunque sigan sujetas al tronco del árbol.

Cuando una persona comete un pecado cuyo castigo es ser «cortado» (*Korait*), la rama se corta del cuerpo del árbol. Entonces queda separada, y permanece en el mundo físico como el espíritu de cualquier otro animal. Éste es el significado profundo del versículo: «esa alma será cortada…» (Números XV-31).

Éste es también el significado íntimo del versículo: «El hombre es un árbol del campo» (Deuteronomio XX-19). También es la razón mística por la que los nombres de algunos santos se duplican en la Biblia, como «Abraham, Abraham» (Génesis XXII-11), «Jacob, Jacob» (Génesis XLVI-2), y «Moisés, Moisés» (Éxodo III-4). El primer nombre corresponde a la Raíz que permanece en lo alto, unida al Árbol, [mientras que el segundo nombre es la rama que descansa en el mundo físico].

Esta [Raíz] también se conoce como el *Mazal* (Destino) de una persona. Los sabios enseñan que Moisés vio el *Mazal* de Rabbí Akiba, sentado [y enseñando.[19] La palabra *Mazal* (מזל) viene de la raíz *Nazal* (נזל), que significa «fluir hacia abajo»]. Esto se debe a que el sustento espiritual (*Shefa*) fluye hacia abajo [del *Mazal*] a la rama que ha descendido y se ha revestido en un cuerpo físico.

Esta Raíz es muy elevada, originándose en lo más alto del mundo de *Atzilut*. La rama es muy larga, desciende a través de todos los mundos hasta que su extremo inferior se reviste del cuerpo físico.

En cada nivel, en cada mundo, esta rama deja una raíz. Por lo tanto, no hay alma que no tenga un número infinito de raíces, una

---

19. *Menajot* 29b. La palabra «Mazal» no aparece en nuestros textos.

encima de otra. A través de sus actos, una persona puede ser digna de elevarlas a todas.

Todas las raíces que quedan en todos los niveles del mundo de *Asiah* juntas se llaman «un alma completa *(Nefesh)* de *Asiah*». Lo mismo es cierto de los otros niveles.

Esto explica el concepto de profecía. El individuo debe estar en un estado puro, no contaminado por la Mala Inclinación, y fuera del alcance de todo lo que pertenece a lo físico. Debe estar completamente libre de cualquier pecado que pudiera manchar cualquiera de las raíces de su alma. Sólo entonces, si se prepara adecuadamente, puede unirse a la Raíz más elevada.

Sin embargo, aunque un individuo sea digno de ello, debe despojar su alma de todas las cosas mundanas, separándola de todos los conceptos físicos. Sólo entonces puede unirse a su Raíz espiritual.

Éste es el concepto de «despojamiento» que se comenta en todos los textos relativos al *Ruaj HaKodesh* y la Profecía. No se refiere a un despojamiento real, en el que el alma abandona el cuerpo, como cuando uno duerme. Si éste fuera el caso, la persona no experimentaría la profecía, sino que sería como cualquier otro sueño. Pero el *Ruaj HaKodesh* se experimenta cuando el alma del individuo está en su cuerpo, cuando está despierto, y no cuando su alma lo ha abandonado.

El verdadero concepto del despojamiento es que uno debe desterrar todo pensamiento por completo. El poder de la palabra, que es la facultad derivada del alma viviente que pertenece a los elementos físicos, debe dejar de imaginar, pensar o contemplar cualquier pensamiento relacionado con el mundo terrenal, como si el alma le hubiera abandonado.

La facultad de la imaginación en la conciencia del individuo se invierte. Imagina y representa como si ascendiera a los mundos supremos, a través de las raíces del alma que hay en cada uno de ellos. La conciencia se eleva de uno al otro, hasta que la representación de la imaginación alcanza su Raíz más elevada.

La forma de todas las Luces se graba en la mente del individuo, como si realmente las hubiera visualizado y visto. Es muy parecido a la facultad de la imaginación que puede representar conceptos físicos en la mente, aunque no se vean, como sabe la psicología.

El individuo debe entonces concentrar sus pensamientos para recibir la Luz de las Diez Sefirot, desde el punto en que la raíz de su alma se encuentra unida a ellas.

Primero, debe concentrarse para elevar las Diez Sefirot, cada una a la que está por encima de ella, hasta llegar al Ser Infinito *(Ein Sof)*. A continuación, atrae la iluminación hacia abajo, sobre ellas, hasta el nivel más bajo.[20]

A través de este individuo, pues, la Luz desciende entonces hasta las Sefirot y éstas se regocijan. Entonces irradian con la Luz que les ha sido transmitida a la raíz del alma del individuo, donde se une a ellas, en una medida apropiada para ella.

El individuo debe entonces concentrar sus pensamientos para hacer descender la Luz de ese influjo de nivel en nivel, hasta que alcanza el Alma Inteligente de su cuerpo. Desde allí alcanza su Alma Vital y su facultad de imaginación. Aquí, estos conceptos se representan como una imagen física a través de la facultad imaginativa. El individuo entonces los comprende, como si los hubiera visto literalmente con sus propios ojos.

A veces, la Luz que desciende se representa en la facultad imaginativa del individuo en forma de un ángel que le habla. Él lo ve o escucha su voz, percibiéndolo con uno de los cinco sentidos [espirituales] de su facultad imaginativa.

Desde este nivel, se transfiere a su aspecto externo. Éste también está en el Alma Vital, como es bien sabido. El individuo entonces ve, oye, huele y habla, literalmente, con sus sentidos físicos. Con respecto a esto, está escrito, «el espíritu *(Ruaj)* de Dios habló en mí, y Su palabra estaba en mi lengua» (2 Samuel XXIII-2). De este modo, la Luz se hace física para que pueda ser detectada con los sentidos físicos. A veces, sin embargo, una profecía sólo es detectada por los cinco sentidos espirituales en la facultad imaginativa.

---

20. Esta idea está tomada de *Shaarei Orah* 3,4 (37b). *Véase* nota 106. Se cita directamente en *Shaarei Kedushah*, Parte Cuatro 20a.

Todo esto ocurre cuando la facultad imaginativa está completamente despojada de todos los pensamientos mundanos, como ya se ha dicho.

Por lo tanto, la profecía se percibe como un sueño. El Alma Inteligente abandona al individuo y asciende paso a paso, y allí es donde percibe y ve. Luego vuelve atrás y desciende, infundiendo esta Luz en el Alma Vital, que es la facultad imaginativa. Allí, estas cosas se describen o son representadas en un sentido aún más físico.

Cuando el individuo despierta, su alma recuerda estas cosas a través de la facultad de aprehensión y la facultad de la memoria. Éstas también se encuentran en el Alma Vital, tal como la conoce la psicología.[21]

Esto explica el concepto de profecía y el de sueños. Uno ocurre mientras el alma permanece en el cuerpo del individuo, y el otro cuando el alma está ausente. En la profecía propiamente dicha, sin embargo, hay dos categorías. La primera es la profecía de todos los profetas [a excepción de Moisés]. En su descenso, la Luz otorgada alcanza el Alma Intelectual del individuo. Desde allí, desciende hasta el Alma Vital, donde se representa en la facultad imaginativa, en los cinco sentidos internos. Entonces se agitan los sentidos externos, y el profeta es invadido por un gran temblor. Puesto que no tiene fuerza para aceptar la Luz, cae al suelo. Cuando intenta imaginar esta Luz y percibirla con sus sentidos físicos, simplemente se siente abrumado. Aunque es muy diferente de un sueño normal, una profecía como ésta es a menudo referida como un «sueño». Con respecto a este tipo de profecía está escrito: «un trance cayó sobre Abraham, [y cayó sobre él un gran pavor tenebroso]» (Génesis XV-12). El segundo tipo de profecía es perfecta. Aquí, los sentidos no se agitan en absoluto, y todas las cosas se perciben con perfecta serenidad. Éste era el nivel de la profecía de Moisés.[22]

---

21. Véase Rambam, *Shemonah Perakim* 1.
22. Véase Rambam, *Comentario sobre Sanhedrín* 10:1, Séptimo Principio; *Iad, Iesodei Ha-Torah* 7:6.

La razón de ello es que su ser físico era también espiritualmente transparente. Como resultado de sus actos, éste se alteró hasta que estuvo al mismo nivel que el alma. Toda mancha de pecado había sido eliminada y sólo lo bueno y lo puro permanecía en su cuerpo. Lo mismo ocurría con los elementos físicos, que habían sido elevados al nivel del intelecto.

Ya hemos hablado de cómo el alma del hombre tiene innumerables Raíces. Cuanto más elevada sea la fuente de estas Raíces, mayor será su poder para transmitir el influjo de la profecía. Pero incluso si la de la Raíz del alma de uno está en un nivel muy alto, a menos que él logre rectificarla y purificarla para que transmita a todas las Raíces que están por debajo de ella, no podrá transmitir el influjo profético. Los únicos niveles desde los que puede transmitirlo son aquellos de los que es digno porque los ha rectificado, y sólo a partir de ellos transmitirá su influjo profético. Esto explica por qué existen innumerables niveles entre los profetas.

Hemos explicado que el alma del profeta no abandona su cuerpo. No creas, sin embargo, que cuando asciende para abrir las puertas, esto carece de sustancia real, y sólo existe en sus pensamientos. En realidad, esto se puede entender a través de lo que se mencionó anteriormente, que el alma es como una rama muy larga, con su Raíz unida al Árbol, y que llega al cuerpo físico del hombre. Cuando el hombre anhela ascender a esta Raíz, el alma se convierte en una línea de transmisión, y proporciona información desde la Raíz.

La Luz del pensamiento del individuo se llama el Concepto (*Muskal* - משכל). Esta Luz asciende a través del alma iluminada de este individuo, que es el «pensador» (*Maskil* - משכיל). Asciende al nivel del Pensamiento Puro (*Sejel* - שכל), que es la Raíz más elevada de su alma. Los tres [concepto, pensador, y pensamiento] están unidos, y se convierten en uno a través del proceso de la Iluminación (*Haskalah* - השכלה). Éste es el influjo transmitido del Pensamiento Puro al pensador.

El Concepto (*Muskal*) es, pues, la luz y el flujo mismo, que desciende del Pensamiento Puro *(Sejel)* hacia el alma iluminada. Este influjo y luz es el concepto que se llama «pensamiento» *(Majshavah)*.

Compréndelo bien, pues no es una enseñanza vacía. Si no fuera cierto, todos los conceptos de intenciones especiales en la oración, así como el pensamiento humano, ya sea bueno o malo, no existirían.

Esto explica por qué la profecía es posible y necesaria. El proceso es muy parecido al de una persona que agarra una rama con la mano y la agita con todas sus fuerzas. El árbol entero también acabaría agitándose.

Las entidades más elevadas, sin embargo, no vibran debido a pensamientos de un ser humano físico, a menos que éste sea digno de transmitirles las Luces más elevadas. Si no tiene este poder, lo ignoran por completo. En tal caso, no desean acercarse a él, ni ayudarlo, ni atraer sus pensamientos hacia lo alto. Todos sus esfuerzos serán entonces vanos e inútiles.

* * *

Ya se ha explicado que existen cuatro mundos, *Atzilut, Briah, Yetzirah* y *Asiah*. Debajo de ellos está el mundo físico, formado por los elementos. Los elementos y sus contrapartes espirituales se dividen igual que las Diez Sefirot.

También se ha explicado que, en cada mundo, hay una Luz Interior *(Or Pnimi)*, que es la Luz de las Diez Sefirot. Fuera de ella está la Luz de la Cantera de las Almas, y fuera de ella, la Luz de la Cantera de los Ángeles. Fuera de esta aparece la Luz Oscura, la Cantera de las Cáscaras *(Klipot)*. Finalmente, fuera de todas ellas está el mundo mismo. [La división entre la sustancia de cada mundo y las Luces que hay en él están en él] es el «firmamento» de cada mundo.

Lo mismo es literalmente verdad en el mundo físico. El cuerpo humano y el universo mismo se componen de la sustancia de los elementos. En su interior están las otras Luces, cada una de las cuales está compuesta por los conceptos incluidos en el Alma Elemental.

También se ha explicado que existen innumerables niveles. Cada una de las Diez Sefirot contiene diez niveles, y cada uno de estos a su vez también consta de diez. Por lo tanto, cada universo tiene un número infinito de niveles.

También se ha tratado el concepto de profecía. El pensamiento del profeta se despoja de su cuerpo y asciende hacia arriba, de nivel en nivel, hasta que alcanza el lugar donde la Raíz de su alma está unida [a las Sefirot]. Entonces se concentra para elevar la Luz de las Sefirot hasta el Ser Infinito *(Ein Sof)*, y desde allí transmite la Luz [a las Sefirot].

El profeta desciende entonces por los mismos peldaños por los que ascendió, hasta que regresa al nivel de su Alma Intelectual. Toma su porción de la Luz según el grado de asimiento de su alma Raíz en lo alto. Desde allí la transmite, a través de su facultad imaginativa, a su Alma Vital. Estas Luces son entonces representadas con los sentidos internos en la facultad imaginativa, así como con los sentidos externos.

Es importante comprender cómo se transmite el pensamiento a lo alto. Evidentemente, no asciende automáticamente. El profeta debe valerse de meditaciones *(Kavanot)* y unificaciones *(Ijudim)*, que le entrega el profeta [maestro] que le enseña los métodos de la profecía. [Estos discípulos] son llamados los «hijos de los profetas», que estaban con Samuel, Elías y Eliseo.

A través de tales Unificaciones, uno puede transmitir Luz e Influjo como desee. Éste es el concepto último de la profecía.

Los maestros profetas también enseñaron otra disciplina. Ésta consistía en oraciones y en la pronunciación de Nombres Divinos, susurrados a los [ángeles que] guardan las puertas de los firmamentos y las cámaras de cada mundo.[23] A través de ellas, los profetas ascienden a través de cada uno de los cuatro mundos, y a través del espacio que hay entre ellos, hasta que alcanzan el más elevado, que es *Atzilut.*

---

23. Esto se detalla en *Hejalot Rabatai* 16-25. Véase *Zohar* 2:102b.

Al principio trabajaban para abrir las puertas de un determinado nivel. Después meditaban sobre la Unificación y recitaban la oración correspondiente a ese nivel. De este modo, ascenderían de nivel en nivel, hasta alcanzar la Raíz más elevada, y allí se paraban. Entonces los profetas transmitirían sus pensamientos hasta el Ser Infinito *(Ein Sof)*, y finalmente, regresaban, transmitiendo el influjo hacia abajo.

Éste es el concepto de las Puertas y los Nombres. El poder de cada Nombre se deriva de la *Sefirah* que se encuentra en ese nivel particular. El profeta lo pronunciaba ante el ángel que está arraigado y extraído de allí, atando al ángel con un juramento. Tal ángel es el supervisor de la puerta del firmamento de ese nivel, siendo éste la sustancia del nivel.

Cuando el profeta hacía uso del Nombre específico para esa puerta, el ángel la abría. La mente del profeta entraba por esa puerta, ascendiendo de Luz en Luz, hasta alcanzar la Luz más íntima de las Sefirot en ese nivel. Entonces recitaría la oración necesaria y meditaría en la Unificación requerida. De esta manera ascendía paso a paso.

La visión de Ezequiel se denomina «Obra del Carro» o Vehículo. Esto se debe a que cada nivel es un vehículo para el siguiente.

Al comienzo de esta visión, «los cielos se abrieron» (Ezequiel I-1). Esto se refiere a las puertas de los firmamentos, que son las Luces que consisten en la sustancia y las vasijas de ese mundo.

Desde allí, el profeta entró en el reino de las Cáscaras *(Klipot)*. Al respecto, dijo: «vi, y he aquí, un viento tempestuoso que venía del norte, gran nube y fuego centelleante» (Ezequiel I-4).

La misma idea se encuentra en el caso del profeta Oseas. El libro comienza con estas palabras: «el principio de la palabra de Dios a Oseas» (Oseas I-1). Es el comienzo de la revelación de palabra profética. También aquí, lo primero que se revela son los Esposos y sus poderes. Se trata de la mujer adúltera y los hijos adúlteros mencionados en su profecía.

Ezequiel ascendió así al cielo, y fue allí donde se ató a sí mismo para poder percibir, como está escrito, «los cielos se abrieron, y vi visiones de Dios». Sin embargo, cuando llegó al nivel de las vainas le pareció muy desagradable, y no se ató allí, sino que los separó y los atravesó. Aunque no se uniera a estas fuerzas malignas, era necesario que las viera. Éste es también el significado profundo de la experiencia de Elías: «Dios no estaba en el ruido… Dios no estaba en el fuego» (1 Reyes XIX- 11 y 12).

A partir de ahí, el profeta entró en la barrera de la Luz de los ángeles. Está bien establecido que entre una Luz y la siguiente, hay un velo separador *(Pargod)*. Éste es el significado místico del *Jashmal*. La palabra *Jashmal* (חשמל) tiene el mismo valor numérico (Guematria) que la palabra *Malbush* (מלבוש), que significa «vestido». La razón de esto es porque el *Jashmal* es un «vestido» y «recipiente» que oculta y retiene las Luces de los ángeles. Que Dios me perdone por revelar este misterio al mundo. (*Véase* la Tabla 1.)

Tabla 1

LA GUEMATRIA DE *JASHMAL*

Jashmal			*Malbush* (vestido)		
Jet (ח)	=	8	Mem (מ)	=	40
Shin (ש)	=	300	Lamed (ל)	=	30
Mem (מ)	=	40	Bet (ב)	=	2
Lamed (ל)	=	30	Vav (ו)	=	6
			Shin (ש)	=	300
		378			378

El profeta vio entonces diez escuadrones de ángeles, cada uno dividido en cuatro *Jayot,* así como cuatro campamentos de la Presencia Divina *(Shekinah)*. Éste es el significado del versículo: «y de en medio de ella había la forma de cuatro *Jayot*» (Ezequiel I-5).

Desde allí ascendió aún más, alcanzando la Luz [de la Cantera de las Almas, y luego, la Luz) de las Diez Sefirot mismas.

Éste es el significado del versículo: «sobre la forma del Trono había una forma como la visión de un Hombre'» (Ezequiel I-26). [El «Hombre sobre el Trono» se refiere al conjunto antropomórfico de las Sefirot].

Sin embargo, el propio Trono se refiere a la Luz de la Cantera de las Almas. Éste es el misterio de la enseñanza: «los Patriarcas mismos son el Carro *(Merkavah)*».[24]

[El Trono es generalmente referido como el «Trono de Gloria»], y es por esta razón por lo que el alma es a menudo referida como «Gloria». Así está escrito: «para que mi Gloria cante alabanzas a Ti, y no se avergüence» (Salmos XXX-13), y «¿Hasta cuándo mi Gloria será avergonzada?» (Ezequiel IV-3).

He aquí que os he revelado un profundo misterio, incluso el misterio del Carro. Esto es algo que las generaciones anteriores no comprendieron.

Ya se ha dicho que no todos los profetas parten de la misma raíz, sino que hay innumerables raíces. En cada mundo hay 600 000 raíces de este tipo, siendo éste el significado de la enseñanza de que «Seiscientos mil profetas surgieron en Israel».[25]

Moisés, sin embargo, los incluyó y los superó a todos. Su nivel era tan elevado que fue capaz de ascender a *Atzilut,* donde literalmente podía ver. Incluso Moisés sólo veía como si estuviera revestido de *Briah,* como quien ve un reflejo. *Atzilut* en sí no es visible, siendo éste el misterio del versículo, «ningún hombre Me verá y vivirá» (Éxodo XXXIII-20).

Los demás profetas, sin embargo, sólo podían ver *Atzilut* cuando está completamente revestido de las Luces de *Briah.* Ezequiel vivió después de la destrucción del Templo, y percibió en un nivel aún más bajo, sólo veía *Atzilut* cuando estaba envuelto en *Briah,* cuando la misma *Bryah* estaba revestida de *Yetzirah.*

---

24. *Bereshit Rabbah* 82:7, 47:8, *Zohar* 1:213b, 3:182b, 3:217a, 3:262b.

25. *Meguilá* 14a. Las 600 000 personas mencionadas allí son paralelas a las 600 000 que salieron durante el Éxodo.

Después de esto, las Luces de *Atzilut* y *Briah* ya no fueron reveladas. Éste es el significado de la enseñanza de que tras la muerte de Hagai, Zacarías y Malaquías, la profecía cesó y sólo quedó el *Ruaj HaKodesh*.[26]

Rabbí Jaim Vital (1543-1620)
Maestro cabalista[27]

---

26. *Yoma* 9b.
27. *Shaarei Kedushah* 3:5, 6.

Capítulo tres

Los querubines

En la época de los profetas, el punto en el que enfocaba toda oración era el Gran Templo de Jerusalén. La cámara más interna del Templo era el sanctasanctórum. Tan grande era la santidad de esta cámara que a nadie se le permitía entrar en ella, excepto al Sumo Sacerdote *(Cohen Gadol)* en Yom Kippur. Éste formaba parte de un servicio muy impresionante, y gente de todo el mundo se reunía para ver al Sumo Sacerdote salir en paz después de haber adorado en este santuario interior.

En el centro del sanctasanctórum estaba el Arca de la Alianza, que estaba hecha de madera cubierta de oro. Sobre este arca había una cubierta de oro puro, y unidos a esta cubierta dos querubines de oro. Toda la estructura del Arca, su cubierta y los querubines, se describen detalladamente en la Biblia, y fueron hechos bajo la supervisión personal de Moisés.[1]

Pero aún más importante era lo que contenía el Arca. En ella estaban los dos objetos más sagrados mencionados en la Biblia. En primer lugar, contenía las dos Tablas, inscritas con los Diez Mandamientos, que Dios había dado a Moisés. Además de esto, también contenía el rollo original de la Torá que Moisés había escrito al dictado de Dios.[2]

Cuando el rey Salomón construyó el Templo, hizo un profundo laberinto bajo el Monte del Templo, donde pudieran ocultarse los recipientes sagrados en caso de peligro. Previendo que Jerusalén sería amenazada, el rey Josías ordenó que el Arca fuera escondida en este laberinto, sellándola para que no descubierta por el enemigo.

---

1. Éxodo XXV-18-22, XL-18.
2. Deuteronomio XXXI-26, Rashi *ad loc.*, *Bava Batra* 14a. Véase Radak, Ralbag, Abarbanel, sobre 1 Reyes VIII-9.

Así, hasta el día de hoy, el Arca está escondida en algún lugar bajo el Monte del Templo en Jerusalén.[3]

La fuente de toda inspiración profética fue el Templo de Jerusalén, en particular los dos Querubines sobre el Arca de la Alianza que se encontraba en el sanctasanctórum.[4] Dios le dijo a Moisés: «estaré en comunión contigo y hablaré contigo desde encima de la cubierta del arca, entre los dos Querubines, que están sobre el Arca del testimonio» (Éxodo XXV-22).[5]

Lo que era cierto para Moisés también lo era para los demás profetas, y la principal influencia de la profecía vino a través de estos Querubines en el sanctasanctórum. Hay indicios de que la experiencia profética, en algunos casos, se produjo a través de una intensa meditación en estos dos Querubines.[6]

Cada uno de los Querubines tenía la forma de un niño muy pequeño con alas.[7] A pesar de que Dios había prohibido en general la construcción, de tales imágenes, fue Dios mismo quien había ordenado que estas dos formas se colocaran sobre el Arca.[8] En lugar de estar de cara al pueblo, los Querubines se miraban entre sí, lo que indicaba claramente que no estaban destinados a ser adorados, sino que designaban un lugar donde se concentraba la fuerza espiritual.[9]

En general, el hecho de que los Querubines tuvieran la forma de seres humanos alados indicaba que el hombre tiene la capaci-

---

3. *Shekalim* 6:2, *Tiferet Yisrael ad loc.*, Iad, *Bet HaBejirah* 4:1. Véase *Yoma* 52b, *Horiot* 12a, *Keritot* 5b; *Tosefta, Yoma* 2:13, *Tosefta, Sotá* 13:2, *Yerushalmi, Shekalim* 6:1 (24b), *Seder Olam Rabbah* 24; *Kuzari* 3:39 (48b); Rashi, Radak, Ralbag, sobre 2 Crónicas XXXV-3. Para un debate sobre si el arca fue ocultada o llevada a Babilonia, véase *Yoma* 53b. También se debate si fue escondida bajo el Santo de los Santos o en la Cámara de la Leñera. Véase *Yoma* 54a.

4. *Derashot HaRan* 8 (Jerusalén, 1974) p. 128, *Avodat HaKodesh, Sitrei Torah* 4:25. Cf. *Bereshit Rabbah* 70:8.

5. Véase también Números VII-89.

6. Abarbanel sobre 1 Samuel III-3, citado en «Fuentes». Ésta puede ser la razón por la que se dice que Dios «habita entre los querubines» (1 Samuel IV-4, 2 Samuel VI-2), y «cabalgando sobre un querubín» (Salmos XVIII-11, véase Targum *ad loc.*). Véase *Ma'arejet Elojut* 12 (163b).

7. *Sucá* 5b, *Jaguigah* 13b. Véase comentarios sobre Éxodo XXV-18.

8. *Mekhilta* sobre Éxodo XX-20.

9. *Moreh Nebujim* 3:45, *Jazkuni* sobre Éxodo XXV-18.

dad de trascender sus ataduras terrenales. Aunque el hombre está atado a la Tierra por su cuerpo mortal, puede volar con las alas de su alma, elevándose a través de los universos espirituales más altos. Este concepto quedaba expresado en la forma misma de los Querubines y, meditando en ellos, una persona podía volar con sus propias alas espirituales.

Para profundizar en este asunto, debemos ver los otros lugares importantes donde son mencionados los Querubines en la Biblia. El primero de estos lugares es, después de que Adán y Eva fueran expulsados del Jardín del Edén, donde la *Torah* afirma: «[Dios] expulsó al hombre, y colocó a los Querubines al este del Jardín del Edén… para guardar el camino del Árbol de la Vida»

(Génesis III-24). El «Árbol de la Vida» se refiere aquí a la experiencia espiritual más profunda y, por lo tanto, antes de adentrarse en ella, la persona debe encontrarse con los Querubines.[10] Estos Querubines, por supuesto, son un tipo de ángel.

El segundo lugar donde nos encontramos a los Querubines es en la visión de Ezequiel, que, según los comentarios, es un paradigma de la experiencia profética en general. Lo primero que Ezequiel vio fueron las *Jayot*, pero éstas son identificadas más tarde como los Querubines. El profeta alcanza los niveles más altos de la experiencia mística trascendiendo realmente los lazos que atan su mente y su alma al mundo físico. En realidad, se acerca al «Árbol de la Vida», y lo primero con que se encuentra son sus guardianes, es decir, los Querubines.

Los Querubines en el Arca estaban destinados a ser una contraparte de los Querubines de lo alto, y así, en cierto sentido, el espacio entre estas dos formas era visto como una apertura a la dimensión espiritual. Al concentrar sus pensamientos entre los Querubines del Arca, el profeta también podía pasar entre los Querubines angélicos, y luego ascender por el camino del Árbol de la Vida. A la inversa, cuando el mensaje de Dios era enviado al profeta, seguía el

---

10. Los querubines son por lo tanto vistos como los ángeles del Gehena, a través de los cuales uno debe pasar antes de entrar al Paraíso. Véase Targum J., Bajya, sobre Génesis III-24.

mismo camino, pasando primero por los Querubines espirituales y luego por los del Arca. El espacio entre los Querubines era, por lo tanto, la fuente de toda inspiración profética.[11]

A través de esto, podemos entender lo que de otro modo sería un episodio bastante difícil en la Biblia que involucra a la primera visión de Samuel. De la lectura de las escrituras se desprende que esta visión le llegó a Samuel sin preparación alguna, casi inadvertidamente. Sin embargo, hay una pista prácticamente ignorada por todos los comentaristas: «la lámpara de Dios aún no se había apagado, y Samuel yacía en el Templo de Dios, donde estaba el Arca de Dios» (I Samuel III-3). Otra dificultad aquí, señalada por varios comentaristas, es que Samuel durmiera en el Templo, cuando estaba prohibido incluso sentarse allí.

Uno de los principales comentaristas resuelve ambas dificultades señalando que la palabra «acostarse» *(Shajav)*, además de tener la connotación de tumbarse físicamente o dormir, también tiene la connotación de la relajación total de la mente que se produce a través de la meditación. Lo que este versículo indica entonces es que Samuel recibió su primera visión profética tras una intensa meditación en el Arca, el lugar de los Querubines.

❖ FUENTES

Dios dijo a Moisés que debía colocar en el Arca la cubierta que contenía los Querubines, todo de una misma pieza. En el Arca estaban las Tablas que Dios le dio.

Dios dijo: «Éste será para Mí como un Trono de Gloria, ya que desde aquí me comunicaré contigo. Pondré Mi Divina Presencia aquí, y os hablaré desde encima de la cubierta del Arca, de entre los dos Querubines». La razón de esto es que ellos estaban encima del Arca del Testimonio.

Esta misma visión es el Carro *(Merkavah)* visto por Ezequiel. Así dijo: «Ésta es la *Jayah* que vi debajo del Dios de Israel, jun-

---

11. Véase *Midrash HaGadol*, Ramban, Bajya, Tzioni, Hirsch, sobre Éxodo XXV-18, *Tanjuma, Vayakhel* 7, *Moreh Nebujim* 3:45, *Zohar* 1:32b.

to al río Quebar, y entonces supe que ellos eran los Querubines»
(Ezequiel X-20).

Es por esta razón por lo que Dios es llamado Aquel que «se sienta sobre los Querubines» (1 Samuel IV-4, 2 Samuel VI-2).

Los Querubines tenían sus alas extendidas, indicando que son un Vehículo (Carro, *Merkavah*) para la Gloria. Así lo indica el versículo: «el oro para el modelo del Carro *(Merkavah)*, los Querubines que desplegaron sus alas y cubrieron el Arca de la Alianza de Dios» (1 Crónicas XXVIII-18)

Era apropiado que tuvieran sus alas extendidas hacia arriba, ya que son un Trono para lo trascendental, y también que cubriesen las Tablas, que fueron escritas por Dios mismo. Es por esta razón por lo que los Querubines fueron llamados la «Estructura del Carro *(Merkavah)*». Esto se debe a que los Querubines, vistos por Ezequiel como vehículo de la Gloria Divina, tenían la misma forma que los Querubines [físicos], lo cual era una forma de gloria y belleza.

Los Querubines en el Tabernáculo y [más tarde en] el Templo tenían la misma forma (que los de lo alto). Así está escrito, «porque unos sobre otros velan, y los hay más altos que ellos» (Eclesiastés V-7).

Rabbí Moisés ben Najmán (1194-1270)
Legalista, comentarista y místico[12]

* * *

Está escrito: «Samuel yacía en el Templo de Dios, donde estaba el Arca de Dios» (1 Samuel III-3). La palabra «en» no se refiere aquí a lugar, como piensan muchos comentaristas, sino que se refiere a un concepto.

Este versículo significa, pues, que Samuel yacía allí, meditando *(hitboded)* sobre el concepto del Templo, sobre el lugar del Arca de Dios. Cuando su pensamiento se elevó a través del concepto del Arca, le llegó la profecía…

---

12. Comentario sobre Éxodo XXV-21.

La palabra «yacía» indica en este versículo que estaba meditando en un determinado concepto, como en el versículo: «aun de noche, su corazón no yace» (Eclesiastés II-23).

Rabbí Isaac Abarbanel (1437-1508)
Comentarista y filósofo[13]

____

13. Comentario sobre 1 Samuel III-3.

CAPÍTULO CUATRO

Los métodos proféticos

A pesar de que en la Biblia no se habla explícitamente del método profético, aparecen suficientes indicios para formarse una idea bastante precisa. Además, existen en el Talmud y la Cábala, numerosas tradiciones que ayudan a completar el cuadro.

Una práctica importante mencionada explícitamente en la Biblia era el uso de la música para ayudar a alcanzar el estado profético. Un ejemplo muy claro se encuentra en el caso del profeta Eliseo. La Biblia cuenta que cuando buscaba un mensaje profético, dijo: «traedme un músico». Y fue mientras el músico tocaba que «la mano de Dios vino sobre él» (2 Reyes III-15).

Otro buen ejemplo lo encontramos en el relato de cómo Samuel introdujo al rey Saúl en la sociedad profética. Samuel le dijo a Saúl: «te encontrarás con un grupo de profetas que vienen de un lugar alto con arpa, tambor, flauta y lira, y ellos mismos estarán profetizando» (I Samuel X-5). Mediante el poder de la música, estaban concentrando la energía profética en sí mismos para enfocarla. Al hacerlo, fueron capaces de que Saúl también profetizara.

Por último, encontramos otra declaración explícita sobre Asaf, Hemán y Jedutún, «que profetizaban con el arpa, el laúd y el címbalo» (I Crónicas XXV-1).

Una melodía repetitiva es muy parecida a un mantra, y puede utilizarse para desterrar pensamientos extraños y despejar la mente para el estado de iluminación. Una categoría importante de la meditación clásica es el camino de las emociones, en el que se alcanza un estado meditativo a través de éstas más que a través del intelecto o los sentidos. Dado que la música puede actuar muy fuertemente sobre las emociones, es particularmente útil para este método de meditación.

Según algunas fuentes, parece que el propósito de la música servía para preparar al profeta para el estado místico, eliminando todas las emociones adversas. En el caso de Eliseo, varios comentaristas afirman que el profeta estaba enfadado con el rey, y utilizó la música para disipar su ira. Es de aquí de donde el Talmud deriva la enseñanza de que es imposible alcanzar el estado profético cuando uno está enfadado.[1]

Algunas fuentes indican que la música sólo se utilizaba para iniciar al profeta en el estado de meditación, pero que cuando éste se alcanzaba, la música se interrumpía.[2] Otras fuentes afirman que la música es el lenguaje del mundo espiritual y que, a través de ella, uno se comunica con el alma.[3] La palabra hebrea para la música utilizada en el caso de Eliseo es *Nagen* (נגן). El eminente filólogo, rabino Salomón Pappenheim, escribe que la base de esta palabra se halla en la única letra *Guimel* (ג), que es también la base de la palabra *Mug* (מוג), que significa «derretir». La idea principal de la música es, pues, la de derretir y desmontar. Según la utilizaban los profetas, la función de la música era derretir las emociones y quebrar el ego.[4]

Los cabalistas señalan que otro papel importante de la música y el canto es atravesar las fuerzas del mal y ayudar al profeta a penetrar en las *Klipot*. Se señala que la palabra *Zamar* (זמר), que significa «cantar», así como su derivado *Mizmor* (מזמור), que significa «canción» o «canto», proceden de una raíz que también significa «cortar».[5] Así pues, la música corta las cáscaras del mal, abriendo el camino para que la mente ascienda a lo alto.

Es significativo observar que otra palabra para canción es *Shir* (שִׁיר), está muy estrechamente relacionada con la palabra *Shur* (שׁוּר), que significa «ver».[6] Ésta es otra indicación de que el canto

---

1. Ralbag, Abarbanel sobre 2 Reyes III-15.
2. *Shaarei Kedushah*, Parte Cuatro 15b.
3. *Livnat HaSapir*, citado en *Avodat HaKodesh, Takhlit* 10.
4. *Ieriot Shlomo*, Volumen Dos (Roedelheim, 1831) p. 22b. Véase también Volumen Uno, p. 76b. Cf. *Moreh Nebujim* 3:45.
5. XXV-5; Radak, Sherashim, Zamar.
6. *Likutei Moharan* 64:5, del Cantar de los Cantares IV-8, Hirsch sobre Génesis XLIX-22.

y la visión están relacionados, y esto es especialmente cierto en el caso de la visión mística.

Un destacado maestro jasídico, Rabbí Najman de Breslov (1772-1810), señala que la fuente mística de la música se asocia con los Querubines y, por lo tanto, comparte la misma raíz con la fuente de la profecía. Se dice que estos dos Querubines representan a las Sefirot Victoria *(Netzaj)* y Esplendor *(Hod)*, las Sefirot que son la fuente de toda profecía, y que también están con el canto y la melodía.[7]

❖ FUENTES

Un profeta no puede profetizar a voluntad. Concentra su mente sentado, en un estado de ánimo bueno, alegre y meditando *(hitboded)*. Uno no puede alcanzar la profecía cuando está deprimido o lánguido, sino sólo cuando está en un estado alegre.

Cuando buscaban la profecía, los profetas hacían que les tocaran música. Así, encontramos párrafos como éste: «[una banda de profetas, que venía de un lugar alto, dirigida por arpa, tambor, flauta y lira] y ellos mismos profetizaban» (1 Samuel X-5). La expresión «profetizaban ellos mismos» *(mitnavim)* significa que utilizaban los métodos proféticos para recibir una visión profética.

Rabbí Moisés Maimónides[8]

* * *

Hay que darse cuenta de que un profeta no alcanza este nivel más alto de una vez. Debe elevarse a sí mismo paso a paso hasta alcanzar la profecía completa.

Por lo tanto, la profecía requiere un método de aprendizaje, como otras disciplinas y oficios, donde uno debe avanzar paso a paso hasta dominar el tema a fondo. Esto explica la Biblia cuando habla de los «hijos de los profetas». Estos eran los que se ponían de

---

7. *Likutei Moharan* 3. Cf. *Zohar* 3:223b, Zohar Jadash 26d, 48a.
8. *Likutei Moharan* 3. Cf. *Zohar* 3:223b, Zohar Jadash 26d, 48a.

aprendices con profetas reconocidos para aprender las necesarias técnicas de profecía.

Los que se entrenan a sí mismos para la profecía deben hacerlo a través de una serie de disciplinas específicas. El propósito de éstas es hacer que la influencia suprema actúe sobre ellos, anulando los efectos de su naturaleza física, que la limita. De este modo, se unen a Dios y traen sobre sí una revelación de Su Luz. Estas disciplinas pueden incluir varias meditaciones, recitar ciertos Nombres Divinos y alabar a Dios con oraciones que contengan dichos Nombres, combinados de una manera específica. La iniciación principal en la profecía, sin embargo, depende de la devoción del neófito hacia Dios.

En la medida en que se hace merecedor por sus obras y se purifique continuamente a través de las disciplinas mencionadas, se acerca cada vez más a Dios. La influencia profética comienza a llegar a ellos, y tienen una experiencia tras otra, hasta que finalmente alcanzan la verdadera profecía.

Todo esto, sin embargo, requiere la guía de un maestro profeta. Debe tener un conocimiento adecuado de los métodos proféticos y ser capaz de enseñar a sus discípulos lo que cada uno debe hacer para alcanzar el resultado deseado, según el nivel de cada uno.

Cuando los profetas neófitos comienzan a experimentar revelaciones, el maestro profeta continúa guiándoles. Basándose en lo que les ha sido revelado, les instruye y les informa de lo que aún falta en su búsqueda. Necesitarán un maestro para todo esto hasta que alcancen la plena profecía. Aunque hayan empezado a recibir alguna influencia o revelación, esto en sí mismo no es suficiente para llevarlos inmediatamente hasta la meta final. Antes de que puedan alcanzarla, necesitan mucha guía y entrenamiento, cada uno de acuerdo a su grado de preparación.

Es necesario darse cuenta de que el único individuo que merece el título de Profeta es aquel que ha alcanzado la verdadera profecía. Se trata de un individuo que está seguro de que su profecía procede de Dios, como ya se ha dicho.[9] Cuando alcanza tal nivel, no hay ambigüedad ni error en su profecía.

Sin embargo, en un sentido más general, el título de Profeta es dado a alguien que ha tenido el comienzo de una experiencia profética y ha alcanzado un cierto grado más allá de la experiencia humana normal. Tal individuo, sin embargo, puede no percibir el concepto sin ambigüedades y por lo tanto puede ser inducido a error.

Sin embargo, aquellos que son plenamente conscientes de los métodos proféticos también son plenamente conscientes de estos escollos. Reconocen sus signos y saben cómo hay que protegerse de ellos hasta alcanzar la verdadera profecía. Estos grandes profetas enseñan estas dificultades a sus discípulos, como se ha dicho anteriormente. Una de las tareas importantes de estos maestros profetas es llevar a sus discípulos a la verdad y evitar que sean engañados.

Este tipo de errores provienen de las Fuerzas Corruptoras. A estas Fuerzas se les permite existir y funcionar de acuerdo con lo que ordena su naturaleza y de acuerdo con los poderes que se les otorgó. Uno de estos poderes es la capacidad de engañar a la gente, hacerles creer que su profecía es auténtica.

Sin embargo, lo que revelan no es necesariamente cierto. Estas Fuerzas pueden revelar conceptos falsos, e incluso producir milagros para verificarlos. Por lo tanto, la *Torah* afirma abiertamente con respecto a un falso profeta: «Predecirá una señal o prodigio, y esa señal o prodigio producirá un milagro» (Deuteronomio XIII-2 y 3).

Esto a veces puede sucederle a una persona contra su voluntad, aunque también puede ocurrir intencionadamente.

Una persona, sin haber buscado a las Fuerzas Corruptoras, puede experimentar una falsa visión. Aunque haya buscado profecía verdadera de Dios, puede quedar expuesta a este mal debido a su falta de preparación y esfuerzo adecuado.

En muchos casos, sin embargo, un individuo puede realmente desear comunión con estas Fuerzas Corruptoras, esforzándose por

---

9. Citado en las fuentes en Parte 1:4.

alcanzar tal falsa profecía. Persigue estas Fuerzas, a sabiendas, trabajando para unirse a ellas. A través de esto, espera obtener una revelación corrupta, para que la gente lo tome por un profeta. Entonces tendría el poder de engañarlos deliberadamente o ganar prestigio ante sus ojos.

Incluimos en esta segunda categoría a los profetas de Baal y Astarté. Se esforzaron de tal manera y alcanzaron un conocimiento sobrenatural, a través del cual lograron engañar a los que creían en ellos. También eran capaces de producir milagros para verificar sus profecías, como ya hemos mencionado.

Los falsos profetas, sin embargo, sabían que todo esto venía del lado del mal, que ellos mismos habían elegido. Ellos no se consideraban verdaderos profetas, sino que se dedicaban a esto por la maldad de sus corazones.

Tal mal, sin embargo, también puede sobrevenir a una persona que no lo está buscando. Por lo tanto, es crucial para aquellos que se esfuerzan por la verdadera profecía lo hagan bajo la guía de un maestro profeta. Sólo una guía así puede prevenir errores como estos.

Esto sólo es cierto antes de alcanzar la profecía plena. Una vez que una persona alcanza el nivel de profecía, es capaz de reconocer claramente la verdadera profecía y distinguirla con claridad de la espuria. Es imposible que un verdadero profeta pueda tener duda alguna.

Rabbí Moshe Jaim Luzzatto (1707-1747)
Maestro cabalista y filósofo[10]

---

10. *Derej HaShem* 3:4:2, 4, 9, 10.

CAPÍTULO CINCO

La posición profética

En su mayor parte, se mencionan relativamente poco las posturas corporales con relación a la meditación profética y la consecución del estado místico. La Amidá, la «Oración de pie», que desempeña un papel importante en la meditación cabalística, se recita con los pies juntos, emulando la postura de los ángeles.[1] Otros textos hablan a menudo de sentarse y meditar.[2]

Otra postura clásica que se encuentra en la Biblia consiste en ponerse de rodillas con las manos extendidas. Vemos esta postura en el caso de la oración de Salomón: «se arrodilló… y extendió las manos hacia el cielo» (2 Crónicas VI-13). También Esdras dijo: «caí de rodillas y extendí mis manos hacia el Señor mi Dios» (Esdras IX-5).

Rabbí Moisés Cordovero (1522-1570), líder de la escuela Safed, comenta que extender las manos alude al hecho de que uno recibe un influjo espiritual de lo alto.[3] Según los cabalistas, ésta es también la razón por la que Moisés levantó las manos cuando quiso canalizar la energía espiritual para derrotar a Amalek en la batalla.[4]

La posición de las manos levantadas también desempeña un papel importante en la Bendición Sacerdotal, y la literatura posterior de hecho la llama «Elevación de las Manos». El Bahir, uno de los textos cabalísticos más antiguos que existen, afirma que la razón de esto es porque los diez dedos levantados son paralelos a las Diez Se-

---

1. *Yerushalmi, Berajoth* 1:1.
2. Abraham Abulafia, *Jaie Olam HaBah* (Jewish Theological Seminary, Ms. 2158) p. 18a, citado en Jellinek, *Philosophie und Kabbala*, p. 44; Judah Albotini, *Sulam Ha-Aliah* 10 (en *Kitvei Iad BaKabbalah*, p. 227), *Shoshan Iesod Olam* (Sasoon, Ms. 285) 343, 501, 1003.
3. *Pardes Rimonim* 15:3. Cf. Bahir 138.
4. Bahir 138. Véase Ramban, *Bajya* sobre Éxodo XVII-11.

firot, y por lo tanto pueden extraer energía espiritual de ellas.[5] Esta misma posición también es utilizada por Rabbí Abraham Abulafia en un lugar en su sistema meditativo.[6]

Sin embargo, en los textos cabalísticos de meditación se menciona muy poco esta posición en sentido práctico. Hay, sin embargo, una posición que es mencionada por varios escritores. Se trata de la «posición profética», que consiste en colocar la cabeza entre las rodillas. Esta posición se menciona explícitamente con respecto a Elías en el Monte Carmelo: «Elías subió a la cima del Carmelo, se postró en tierra y puso su rostro entre sus rodillas» (1 Reyes XVIII-42). Uno de los principales comentaristas, Rabbí Isaac Abarbanel, afirma que estaba meditando *(hitbodedut)* en esta postura.

Esta postura se utilizaba para la concentración intensa de energía espiritual. Elías la utilizó para traer la lluvia, que había sido previamente retenida por el Rey Ahab. En el Talmud la encontramos utilizada en un sentido similar cuando Rabbí Janina ben Dosa colocó la cabeza entre las rodillas cuando rezaba por el hijo de Rabbí Iojanan ben Zakkai.[7] Rabbí Iojanan ben Zakkai era el principal sabio del siglo I, y ben Dosa había llegado a ser su discípulo. Cuando la esposa de Rabbí Iojanan preguntó si Rabbí Janina era el más grande de los dos, el primero respondió: «Yo soy como un noble ante el rey, pero él es como uno de sus sirvientes». Rashi explica que un sirviente puede ir y venir ante el rey sin necesidad de cita previa.

Otro lugar donde encontramos esta postura es en el caso de Eleazar ben Durdaia.[8] El Talmud cuenta que había visitado a todas las prostitutas del mundo civilizado, y ahora quería arrepentirse. Después de intentarlo por todos los medios, puso la cabeza entre las rodillas y lloró hasta morir. Por el contexto, es obvio que su arrepentimiento contenía elementos místicos, pues lo vemos conversando

---

5. Bahir 124. Véase *Sefer Yetzirah* 1:3.

6. *Sefer HaJeshek* (Jewish Theological Seminary, Ms. 1801) p. 9a. Citado en *Shaarei Kedushah*, Parte Cuatro 12a.

7. *Berajoth* 34b. *Véase* fuentes al final de esta sección.

8. *Avodah Zarah* 17a. Véase también *Jasdei David* sobre Tosefta, *Berajoth* 2:15; Ibn Ezra sobre Job XXXII-19.

con el Sol, la Luna y las montañas, pidiéndoles que intercedieran por él. Lo que hizo finalmente fue verter energía espiritual en su alma para purificarla de su pecado, y así continuó hasta su muerte.

El hecho de que utilizara esta postura al arrepentirse de un delito sexual es especialmente significativo, ya que el Midrash afirma que una de las razones de esta postura es que coloca la cabeza en el lugar de la marca de la circuncisión.[9] Una de las razones del mandamiento de la circuncisión es canalizar las energías hacia líneas espirituales y, como veremos, ésta es una de las razones por las que se realiza el octavo día. Cuando uno coloca la cabeza cerca de la marca de la circuncisión, puede canalizar mejor la energía espiritual a la mente, que es el punto de la profecía.

Es significativo señalar que podemos encontrar otra alusión a esta posición en el Cordero Pascual, que debía ser asado «con la cabeza sobre las rodillas» (Éxodo XII-9). El gran líder jasídico y místico Rabbí Levi Isaac de Berdichov (1740-1809), explica que, en el orden de las Sefirot, las dos rodillas representan a las Sefirot Victoria *(Netzaj)* y Esplendor *(Hod)*, y que colocar las rodillas junto a la cabeza libera la energía espiritual de estas Sefirot en la mente.[10] Está bien establecido en la Cábala que *Netzaj* y *Hod* son las fuentes de la profecía y, por lo tanto, esta posición es especialmente eficaz cuando se desea transmitir energía profética.

A menudo encontramos homólogos de los métodos proféticos en prácticas idolátricas, ya que en muchos casos los idólatras intentaron emular las escuelas proféticas. Un posible indicio de que esta posición se utilizaba entre los profetas idólatras se encuentra en la enseñanza talmúdica de que ciertos árabes paganos solían «inclinarse ante el polvo de sus pies».[11] Los comentaristas se extrañan de esta curiosa práctica, y les resulta difícil explicar la formulación.

---

9. *VaYikra Rabbah* 31:4. Esto une el «pacto de la lengua» con el «pacto del órgano sexual». Véase *Sefer Yetzirah* 1:3.

10. *Kidushat Levi ad loc. Véase* nota 57.

11. *Bava Metzia* 86b, Rashi sobre Génesis XVIII-4. Hay una opinión de que adoraban al sol y por lo tanto se inclinaban ante la arena calentada por él, *Shnei Lujot HaBrit, Torah SheBeKatav*, VaYera (3:27b). Véase también *Yafeh Toar* sobre *Bereshit Rabbah* 50:4, Mizrachi, *Gur Aryeh*, sobre Génesis 18:4.

Sin embargo, parece que algunos paganos observaron la posición profética en la que los grandes místicos se sentaban con la cabeza entre las rodillas, y supusieron que estaban contemplando los dedos de los pies. Adoptaron esta práctica y degeneró gradualmente en la adoración del «polvo de sus pies».

Esta posición fue favorecida por al menos dos escuelas postalmúdicas. Jai Gaon (939-1038), jefe de la academia babilónica de Pumbedita, describe las prácticas de una de estas escuelas: «Uno debe ayunar durante un cierto número de días. Luego debe colocar su cabeza entre las rodillas y entonar muchas canciones e himnos conocidos por la tradición. Desde lo más profundo de su ser y sus cámaras, este individuo percibirá entonces las Siete Cámaras, y será como si las estuviera viendo con sus propios ojos.

En su visión, es como si entrara en una cámara tras otra, contemplando lo que hay en cada una de ellas».[12] Unos quinientos años más tarde, encontramos esta misma posición en la escuela liderada por el rabino Joseph Tzayaj, un prominente cabalista y místico que sirvió como rabino en Jerusalén y Damasco a mediados del siglo XVI. En la introducción a su obra principal, habla de individuos que meditan *(hitboded)*, diciendo: «estos individuos se doblan como juncos, colocando sus cabezas entre sus rodillas hasta que todos sus sentidos se anulan. Como resultado de su falta de sensación, ven las Luces Superiores, con visión verdadera y no alegórica».[13]

En general, el sistema meditativo de Tzayaj es muy complejo, pues incluye cuadrados mágicos y complicadas series de luminarias y cámaras. Sus principales obras tratan de estos sistemas con detalle casi microscópico, pero, en general, el autor es muy reticente a la hora de describir cómo puede utilizarse. Sin embargo, hay un

---

12. *Tshuvah*, citado en *HaKotev, Ein Yaakov, Jaguigah* 14b (#11), *Otzar HaGaonim* ad loc., *Jelek HaTshuvot* p. 14.

13. *Even HaShoham*, Introducción (Jerusalén, Ms. 4168) p. 1b, citado en Scholem, *Kitvei Iad BaKabbalah*, p. 90. El término «visión y no alegoría», se toma de Números 12:8. Tzayaj usa esta misma expresión en *Sheerit Yosef,* después del canto que involucra las Diez Sefirot. *Véase* nota siguiente.

lugar donde esboza el método, y esto también implica la posición profética. Escribe: «si quieres penetrar en su misterio, concéntrate en todo lo que hemos dicho y contempla las cámaras de las que hemos hablado, junto con su luz, colores y combinaciones de letras. Medita *(hitboded)* sobre esto durante algún tiempo, ya sea breve o prolongado. Comienza colocando la cabeza entre las rodillas».[14]

A continuación, ofrece una valiosa oración que debe rezarse mientras se está en la posición profética:

Ehieh Asher Ehieh, coróname *(Keter)*.
Iah, dame Sabiduría *(Jojmah)*.
Elohim Jaim, concédeme Entendimiento *(Binah)*.
El, con la diestra de su Amor, hazme grande *(Hessed)*.
Elohim, del Terror de Su juicio, protégeme *(Guevurah)*.
YHVH, con Su misericordia concédeme Belleza *(Tiferet)*.
YHVH Tzevaot, vigílame para siempre *(Netzaj)*.
Elohim Tzevaot, concédeme la beatitud de su Esplendor *(Hod)*.
El Jai, haz de Su Alianza mi Fundamento *(Iesod)*.
Adonay, abre mis labios y mi boca hablará de Tu alabanza *(Maljut)*.

El lector notará inmediatamente que este canto incluye las Diez Sefirot, así como los Nombres Divinos asociados a ellas en la tradición cabalística. Éste es el único lugar donde encontramos una práctica meditativa real que hace alusión a la postura profética. La mayoría de estos métodos estaban restringidos a pequeñas sociedades secretas, y es posible que este método estuviera en posesión de la misma escuela desde la época de Jai Gaón.

* * *

---

14. *Sheerit Yosef* (Viena, Ms. 260) p. 168a.

Rabbí Janina hen Dosa fue una vez a estudiar la *Torah* como discípulo de Rabbí Iojanan ben Zakkai. El hijo de Rabbí Iojanan ben Zakkai enfermó, y él le dijo: «Janina, hijo mío, reza por él para que viva».

Rabbí Janina puso su cabeza entre sus rodillas y oró, y el hijo sanó.

Rabbí Iojanan ben Zakkai dijo: «Si ben Zakkai hubiera puesto la cabeza entre las rodillas todo el día, le habrían hecho caso».

Su mujer le preguntó: «¿Es entonces Janina mayor que tú?».

Él respondió: «No, pero él es como un siervo ante el rey, mientras que yo soy como un noble ante el rey».

Talmud, *Berajothh* 34b

* * *

Se cuenta que Eleazar ben Durdaya no dejó una sola prostituta a la que no visitara. Una vez oyó hablar de cierta ramera que vivía en una isla lejana, cuyo precio era una bolsa de monedas de oro. Tomó una bolsa de monedas de oro y cruzó siete ríos para encontrarse con ella. Durante el acto, ella eructó, y en broma dijo: «Al igual que este gas no puede volver a su lugar, así Eleazar hen Durdaya no será aceptado si intenta arrepentirse».

Eleazar se fue y se sentó entre dos montañas y unas colinas.

Dijo: «¡Montañas y colinas, buscad misericordia para mí!». Le respondieron: «Antes de buscar misericordia para ti, busquémosla para nosotros mismos, pues está escrito: "Los montes se irán y las colinas se retirarán"» (Isaías LIV-10).

Dijo: «¡Cielos y Tierra, buscad misericordia para mí!». Le respondieron: «Antes de buscar misericordia para ti, busquémosla para nosotros mismos, pues está escrito: "Los cielos se desvanecerán como el humo, y la Tierra se desgastará como un vestido"» (Isaías LI-6).

Dijo: «¡Sol y Luna, buscad misericordia para mí!». Le respondieron, «Antes de buscar misericordia para ti, busquémosla para nosotros mismos, ya que está escrito: "La Luna se confundirá y el Sol se avergonzará"» (Isaías XXIV-23).

Él dijo: «¡Estrellas y constelaciones, buscad misericordia para mí!». Les respondieron: «Antes de buscar misericordia para ti, busquémosla para nosotros mismos, pues está escrito: "El ejército del cielo se disuelve"» (Isaías XXXIV-4).

Él dijo entonces: «No depende de nadie, sino sólo de mí». Entonces puso la cabeza entre las rodillas y gimió con llanto amargamente hasta que su alma le abandonó.

Una voz celestial exclamó entonces: «Rabbí Eleazar ben Durda-ya está preparado para la vida en el Mundo Venidero…».

Rabbí dijo: «No sólo los que se arrepienten son aceptados por Dios, sino que incluso son llamados Rabbí».

Talmud, Avodá Zará 17a

Capítulo seis

Los nombres divinos

En toda la literatura cabalística se da por sentado que los Nombres Divinos desempeñan un importante papel en la consecución del estado místico. En la propia Biblia, sin embargo, no se menciona explícitamente el uso de tales Nombres, salvo algunas insinuaciones tentadoras. Así, en varios lugares, encontramos que un individuo profetiza «en el nombre *(Ba-Shem)* de Dios».[1] Como podrá observar cualquiera que esté familiarizado con el hebreo, estas palabras también pueden traducirse como profetizar *«con* el nombre de Dios». Estas frases hablarían entonces del nombre de Dios como medio para alcanzar el estado profético.

Algunos cabalistas también ven el uso del nombre de Dios como un método para alcanzar la iluminación. En el caso de Abraham, la Biblia dice que «invocó el nombre de Dios» (Génesis XII-8). Lo que normalmente se interpreta como que rezó con el nombre de Dios, o que anunció al mundo la existencia de Dios, pero la interpretación cabalística es más literal.[2]

Una interpretación muy parecida se da al versículo: «Él se extasió en Mí, y Yo lo sacaré a la luz. Lo resucitaré, lo levantaré porque conoció Mi nombre» (Salmos XCI-14). Aquí, un importante comentarista, Rabbí Abraham Ibn Ezra (1089-1164), afirma explícitamente que esto significa que «conocía el misterio de Mi nombre». Un antiguo Midrash afirma igualmente en nombre del gran sabio del segundo siglo, Rabbí Pinjas ben Iair, «¿Por qué reza la gente sin recibir respuesta? Porque no saben usar el Nombre Explícito *(Shem HaMeforash)*».[3] Dado que este Midrash explica el versículo ante-

---

1. Jeremías XI-:21, XXVI-:9.
2. Véase Recanati, *Bajya, ad loc.* Véase también Abraham Abulafia, *Mafteaj HaShemot* (Jewish Theological Seminary, Ms. 1897) p. 58b.
3. *Midrash Tehillim* 91:8. La palabra «conocer» en este versículo también puede significar apego, en el sentido de «Adán conoció a su esposa Eva» (Génesis IV-1).

rior, es una clara indicación de que «conocer el nombre de Dios» implica saber cómo hacer uso de él.

Existen otros indicios del poder del Nombre de Dios. El Salmista dice así: «unos vienen con carros, otros con caballos, pero nosotros pronunciamos el nombre de Dios» (Salmos XX-8). La interpretación habitual es que se está hablando de la oración, pero también en este caso el versículo puede interpretarse literalmente.[4] Esto lo sugiere especialmente un versículo que introduce este concepto: «nos extasiaremos *(Ranen)* en Tu salvación, y en (con) el Nombre de Dios, ascenderemos, Dios colmará todas vuestras peticiones» (Salmos XX-6). Como veremos, la palabra hebrea *Ranen* se refiere a un método de meditación, y aquí vemos que también implica el Nombre de Dios. Un concepto muy similar se encuentra en el versículo: «todas las naciones me rodean, pero con el nombre de Dios las destruiré con una sola palabra» (Salmos C XVIII-10).

La tradición relativa a estos Nombres de Dios está bien establecida en el Talmud, y se debate en muchos lugares. Los más prominentes son los diversos nombres que la Biblia utiliza para Dios, y que son diez, paralelos a las Diez Sefirot.[5] Además de esto, el Talmud también habla de un Nombre que contiene doce letras, así como uno que contiene cuarenta y dos, ambos se describen en la literatura cabalística.[6] También se habla mucho de un Nombre que contiene siete letras. También se habla mucho de un Nombre compuesto de setenta y dos letras o tríadas, que desempeña un papel importante, sobre todo en el sistema de Abulafia.[7] El Talmud está

---

4. *Sulam HaAliah* 10, citado en Scholem, *Kitvei Iad BaKabbalah*, p. 229.

5. *Shaarei Orah*; *Pardes Rimonim* 20; *Shnei Lujot HaBrit, Bet HaShem* 0:5a). Cf. *Avot de Rabbi Nathan* 34:2.

6. *Kiddushin* 71a, Zohar 1:1a, 2:17b, 2:234b, 3:256b; Tikunei Zohar 66b, 82b, 104a, 131b; Rashi, *Avodah Zarah* 17b «Lama», *Sanhedrín* 60a «Shem», 101b «U'VeLashon»; Tosafot, Sucá 5a «Yud», *Jaguigah* 11b «Ain», *Avodah Zarah* 18a «Hagah». Véase también *Rosh*, Yoma 8:19, *Taam Zekenim* p. 55, *Tshuvot Bach* 293. Estos nombres se discuten en detalle en *Pardes Rimonim* 21:9, 12.

7. *Véanse* Notas 26, 27. Véase también *Avot de Rabbi Nathan* 13:3, *Bereshit Rabbah* 44:22, *VaYikra Rabbah* 23:2, *Devarim Rabbah* 1:9, *Shir HaShirim Rabbah* 2:6, de

lleno de tradiciones relativas al poder de estos Nombres cuando son utilizados del modo adecuado.[8]

El más importante y potente de los nombres de Dios es el *Tetragrammaton,* YHVH (יהוה). Este nombre nunca era pronunciado en voz alta, ni siquiera durante la oración. Se enseña que aquel que pronuncia el *Tetragrammaton* irrespetuosamente es culpable de una ofensa gravísima, y es digno de muerte.[9]

Aunque el *Tetragrammaton* se relaciona a menudo con respecto a la meditación cabalística, los cabalistas también advierten contra su pronunciación en voz alta. El eminente cabalista Rabbí Moisés Cordovero, escribe: «Si uno desea pronunciar el *Tetragrammaton,* debe hacerlo con la boca cerrada, de manera que no salga aire de su boca. No se debe pronunciar, sino sólo con la laringe y la lengua. Entre los iniciados de este método se conoce como «tragar» el Nombre Divino».[10] Sin embargo, incluso esto no debe hacerse, excepto cuando se han alcanzado las más altas disciplinas de meditación.

El Talmud enseña que el único lugar donde se permitía pronunciar el *Tetragrammaton* era en el Templo Sagrado *(Bet HaMikdash),* en Jerusalén. Esto se basa en el versículo que califica al Templo como «el lugar que Dios escogerá para poner allí Su Nombre» (Deuteronomio XII-5).[11]

Deuteronomio 4:34; *Tanjuma, VaYera* 4, *Pesikta* 5 (52b), Zohar 2:234b, Tikunei Zohar 5b.

8. Sifsey Cohen (Shakh), *Yoreh Deah* 179:18, *Be'er HaGolah* (Maharal) 2 (Varsovia, 1928) p. 11a. Para ejemplos, véase *Yebamot* 49a, *Gittin* 68b, *Sanhedrín* 95a, *Bejorot* 8b, *Shemot Rabbah* 1:35, Rashi, Ramban, sobre Éxodo 2:14; *Kohelet Rabbah* 3:15, *Midrash Tehillim* 36:8, Rashi sobre Isaías XXIX-12, Jeremías XXI-4; *Midrash Tehillim* 91:8, *Pesikta* 19 (140a).

9. *Sanhedrín* 10:1 (90a), *Avodah Zarah* 18a, *Pesikta* 22 (148a); *Sanhedrín* 12:1, *Yoreh Deah* 179:8. Véase también *Midrash Tehillim* 91:8 (200b), *Tosefta, Iadayim* 2:9, Ha-Gra *ad loc.* #25, R. Shimshon (Rash), *Iadayim* 4:8. Véase también Yehudah Albotini, *Sulam HaAliah* 9 (Jerusalén, Ms. 1302 8) p. 15b, (Jerusalén, Ms. 334 8) p. 96a; citado por Gershom Scholem, *Kiryat Sefer* 22:170 (1945).

10. *Or Yakar,* Comentario sobre *Zohar Shir HaShirim* (Jerusalén, Ms. 74 4°), citado en *Kitvei Iad BaKabbalah,* p. 235.

11. *Sotah* 38ª, *Sifri,* citando en *Tosefot ad loc.* «Harey». *Yalkut* 1:879. Veáse también Rashi, *Mekhita,* en Éxodo XX:21.

Dado que, al parecer, los profetas hacían uso del *Tetragrammaton* para alcanzar el estado místico, la mayoría de las veces meditaban en una de las cámaras del Templo Sagrado.[12]

El principal lugar donde se usaba públicamente el *Tetragrammaton* era en el Templo, para la Bendición Sacerdotal, así como durante las confesiones públicas del servicio del Yom Kippur. Cada vez que este Nombre era pronunciado durante un servicio en el Templo, todos los presentes respondían: «Bendito sea el nombre de Su glorioso Reino por los siglos de los siglos».[13]

En Yom Kippur, los que estaban de pie cerca del frente también se postraban en el suelo, en reverencia al santísimo Nombre de Dios. Existe una tradición talmúdica que dice que uno de los milagros del Templo Sagrado era que siempre tenían espacio para postrarse, a pesar de que estaban apretados durante el servicio.[14]

Originariamente, el *Tetragrammaton* era usado por todos los sacerdotes en la Bendición Sacerdotal en el Templo. El Talmud enseña, sin embargo, que después de la muerte de Simón el Justo (alrededor del 291 a. C.), se dejó de usar, pues la Presencia Divina ya no se manifestaba en el Templo y los demás sacerdotes se sentían indignos.[15] Sin embargo, mientras duró el Templo, el Sumo Sacerdote lo utilizó en el servicio de Yom Kippur, pero se repetía tan bajo que el sonido quedaba ahogado por el canto de los demás sacerdotes. Todo esto era para que aquellos que eran indignos no aprendieran con precisión cómo debía pronunciarse.[16]

En la literatura se debate por qué todos estos Nombres tienen un efecto tan profundo. Rabbí Abraham Abulafia afirma que los Nombres en sí no tienen ningún poder intrínseco, sino que, cuan-

---

12. *La Lishkat HaGazit*, la Cámara del Gran Tribunal (*Sanhedrín*). Véase Rashi, *Taanit* 16a «Horak», *Agadat Bereshit* 14:3, *Targum Sheni* sobre Ester IV-1.

13. *Sotah* 7:6 (33a), *Tamid* 7:2 (33b), *Yoma* 3:8 (35b). La respuesta se deriva de Nehemías IX-5. Véase *Berajoth* 63a, *Taanit* 16a, *Sotah* 40b.

14. *Avot* 5:5, Yoma 21a; *Bereshit Rabbah* 5:6, *VaYikra Rabbah* 10:9. Cf. *Avot de Rabbi Nathan* 35:8.

15. *Yoma* 39a, Rashi ad loc. «MiLeVarekh», *Menajot* 109b, *Tosefta, Sotah* 13:8, *Tosafot, Sotah* 33a «Harey», *Iad, Teillah* 14:10. Véase también Rashi, *Eruvin* 18b «MiYom».

16. *Kiddushin* 71a, *Yerushalmi Yoma* 3:7 (18b), *Kohelet Rabbah* 3:15, *Zohar* 3:146a, *Iad, Avodat Yom HaKippurim* 2:6, *Or Zarua* 2:25a, HaGra, *Oraj Jaim* 5:1 «VeYiKaven».

do se usan correctamente, pueden inducir estados de conciencia en los que la propia persona tiene tales poderes.[17] Por lo tanto, el Nombre se usa principalmente como un dispositivo meditativo para llevar al individuo a ciertos estados de conciencia, transportarlo al marco espiritual adecuado, ya sea para la profecía o para dirigir la energía espiritual de otras maneras.

Sin embargo, la mayoría de los cabalistas sostienen que, además de esto, los Nombres también tienen un importante poder intrínseco. Están íntimamente ligados a diversas Fuerzas espirituales y que, cuando uno hace un uso apropiado de estos Nombres, puede vincularse a ellas. Puesto que todos los Nombres Divinos son extremadamente potentes a este respecto, uno debe ser muy cuidado de no usarlos, excepto en el contexto apropiado y de la manera más seria.

Una de las mayores fuentes de confusión es el hecho de que mucha gente piensa que estos Nombres sólo necesitan ser recitados para ser eficaces. De acuerdo con todos los textos que hablan de esto, el uso de los Nombres Divinos implica mucho más que eso. En primer lugar, el individuo requiere una preparación considerable antes de poder hacer uso de estos Nombres. Los Nombres mismos, en la mayoría de los casos, se utilizaban de forma muy parecida a un mantra. En las *Hejalot*, un texto místico que data del siglo i, encontramos ciertos Nombres y combinaciones de letras que deben ser repetidos una y otra vez, y que llevan al usuario al estado místico[18]. En otros casos, se repetían en combinación con otras letras, con toda una serie de puntos vocálicos diferentes. El sistema de Abulafia así lo exige, e incluye diversos movimientos corporales y técnicas de respiración.[19] Cuando se utilizan como *Ijudim* (Unificaciones), las letras de los distintos Nombres debían

---

17. *Or HaSejel* 9:1 (Vaticano, Ms. 233) p. 112b. Véase *Moreh Nebujim* 1:62.
18. *Hejalot Rabatai* (en Wertheimer, *Batei Midrashot*, Jerusalén 1893) 16:4 (vol. 1, p. 92). Véase también *Razo shel Sandalfon*, en *Merkava Shlemah* (Jerusalén, 1922) p. 4b.
19. *Jaie Olam HaBah*, citado en Nota 62; *Sefer HaJeshek*, citado en Nota 66; *Or HaSejel* 8:3 (109b), citado en *Pardes Rimonim* 21:1, *Sulam HaAliah* 9, citado en Scholem en *Kiryat Sefer* 22:167 (1945).

contemplarse con profunda concentración y reunidas de diversas formas. [20]

Si bien los Nombres Divinos podían ayudar a una persona a alcanzar un estado meditativo cuando se utilizaban correctamente, su uso debía ir precedido una considerable preparación espiritual. Lo más importante eran los Diez Pasos que conducen a *Ruaj HaKoddesh*, explicados más arriba. Sólo después de que se ha alcanzado estos Diez Pasos, a través de una intensa autodisciplina, estos métodos meditativos pueden ser verdaderamente efectivos. Si uno no está suficientemente preparado, puede alcanzar la «iluminación», pero será de una fuente muy alejada de lo sagrado.

En general, el uso adecuado de los diversos Nombres Divinos se consideraba la clave de la profecía y la iluminación. Al mismo tiempo, era también uno de los secretos mejor guardados de la Cábala.

❖ FUENTES

Rabbí bar Jana dijo en nombre de Rabbí Iojanan: «el Nombre que contiene Cuatro Letras *(Tetragrammaton)* fue entregado por los sabios a sus discípulos una vez cada siete años». Los Rabinos enseñaron: «Al principio, el Nombre que contiene doce letras era entregado a todos. Sin embargo, cuando muchos hicieron mal uso de él, sólo se entregó a los sacerdotes más recatados. Los sacerdotes [lo usaban en la Bendición Sacerdotal, pero se] «tragaban» su pronunciación, para que no pudiera ser oído sobre el canto de los otros sacerdotes».

Rabbí Tarfón dijo: «Una vez seguí a mi tío materno cuando subió a recitar la Bendición Sacerdotal. Incliné mi oído junto al Sumo Sacerdote, y le oí pronunciar el Nombre, pero fue tragado por el canto de los otros sacerdotes».

Rabbí Iehudah dijo en nombre de Rav: «El Nombre que contiene cuarenta y dos letras no debe ser entregado excepto a un individuo que sea recatado y humilde, pasado el ecuador de su vida,

---

20. Esto se debate en detalle en *Shaar Ruaj HaKodesh*. Una explicación completa se encontrará en *Meditación y Cábala*, publicado en esta misma colección.

y que no se enfade ni se emborrache, y no insista en salirse con la suya. Quien lo conoce, lo cuida y lo guarda con pureza, es amado en lo alto y apreciado abajo. La gente le admira y hereda ambos mundos, éste y el otro».

Talmud, Kiddushin 71a

* * *

Antes de entrar en la explicación de los detalles de los Nombres Divinos, debemos ofrecer una introducción a su significado general. Al mirar muchos de ellos, sólo se ven incomprensibles combinaciones de letras, sin ningún significado discernible, y la mayoría de ellos son también impronunciables. Una persona inteligente puede pensar que estos nombres no tienen ninguna base racional, e incluso que no encierran nada más que superstición infantil, Dios no lo quiera. Nosotros tenemos la obligación de advertir al lector que no cometa este error básico.

En realidad, la verdad sobre estos nombres es justo lo contrario. Pueden llevar a los estados más elevados, ya que todos ellos están grabados en los reinos espirituales más elevados. Su fuente llega a través de los peldaños de la Escalera, nivel tras nivel, hasta que expresan la esencia de las Sefirot y su naturaleza espiritual.

Las almas de las letras utilizadas en estos Nombres son la substancia de las Sefirot, en su esencia interna. El Nombre designado para cada una es una vestidura para esa *Sefirah*. Es por esta razón por lo que los Nombres [asociados a las Diez Sefirot, que son los nombres que la Biblia usa para Dios], no pueden ser no pueden ser borrados ni destruidos.

Estos Nombres y otros semejantes fueron revelados a los Hombres Santos, siervos del Altísimo, así como a los profetas que hablaban con *Ruaj HaKodesh*. La tradición permaneció con los sabios del Talmud, y en muchos casos se remonta a Moisés, que la recibió de Dios mismo.

Haciendo uso de estas letras, los profetas alcanzaban un nivel muy elevado de meditación *(Hitbodedut)*. Purificaban sus almas a

107

través de la esencia espiritual contenida en estas letras, así como el orden de Unificación *(Ijud)* que une un nivel al siguiente. Al entrelazar estas letras, combinando un Nombre con otro, fueron capaces de percibir cómo estaban unidos entre sí los Universos Superiores. De este modo aumentaron sus conocimientos hasta que comprendieron el poder y el propósito de estas Fuerzas espirituales. Sin embargo, al mismo tiempo, nunca hicieron uso de ellos excepto para la grandeza de su Creador.

A causa de las muchas persecuciones, los ojos de los sabios fueron cerrados y sus corazones disminuidos. Los que trataban de entender la *Torah* se encontraron demasiado débiles incluso para comprender cosas sencillas, y el conocimiento cabalístico que involucraba los detalles de las Sefirot estaba ciertamente por encima de sus cabezas. Esto era aún más cierto con respecto a la Cábala Práctica, [que enseñaba el uso de los Nombres Divinos].

Nadie tenía un poder que pudiera ser utilizado contra las persecuciones más que Rabbí Shimon bar Iojai [autor del *Zohar*], quien, junto con sus discípulos, reveló los misterios ocultos al mundo. Pero debido a la «falta de espíritu y de afán», sus palabras no son comprendidas, y nuestro magro intelecto ni siquiera puede descubrir el borde exterior de la profundidad de sus enseñanzas. Todas sus palabras están ocultas en grado sumo. Si utilizamos con ardor nuestro intelecto, haciendo preguntas y rompiendo las cáscaras que cubren las doctrinas, entonces podemos ver algo de luz, a través de grietas tan pequeñas como el ojo de una aguja.

La Cábala Práctica fue conocida en los días de tales gigantes como Rabbí Moisés Najmánides [Rambán] (1194-1270), Rabbí Eliezer [Rokeaj] de Worms (1160-1238) y el Rabbí Joseph Gikatilla (1248-1305). Durante el período de los Gaonim (siglos VII y VIII), se utilizaron textos [sobre la Cábala práctica] como el *Shimusha Rabba* y el *Shimusha Zuta*.

Sin embargo, todo esto se perdió a causa de nuestros pecados. Los que estaban en posesión de estos misterios no quisieron revelarlos, viendo que los que verdaderamente amaban a Dios habían fallecido y que los hombres heroicos eran pocos, y temieron que estos misterios fueran mal utilizados por aquellos que no eran dignos.

En realidad, estaban en lo cierto, ya que esto les sucedió en muchos casos a los que les siguieron. Incluso en tiempos recientes, hubo el caso de aquellos, como Joseph della Reina, que causaron mucha miseria y destrucción. Por esta razón, no ahondaremos en el uso de los Nombres Divinos, a pesar de que esto se puede encontrar en algunos textos anteriores. Nosotros sólo entraremos en aquellas explicaciones que ayuden a nuestra comprensión.

Un concepto esencial es el hecho de que todas las letras dependen del *Tetragrammaton*. Algunas letras tienen, en esencia, una alusión a este Nombre en su propia estructura. Es el caso de la letra *Alef*, que consta de dos *Yods* y una *Vav*, que combinadas tienen un valor numérico de 26, igual que el del *Tetragrammaton (Véase* Tabla 2). Lo mismo ocurre con las letras *Lamed, Tet* y *Kof*, que se componen de las letras *Kaf* y *Vav*.

Valor numérico del *Tetragrammaton*	*Yod* (י)	= 10
	He (ה)	= 5
	Vav (ו)	= 6
	He (ה)	= 5
		26
Alef (א) = *Vav Yod Yod* (ויי)	*Vav* (ו)	= 6
א → ויי	*Yod* (י)	= 10
	Yod (י)	= 10
		26
Tet (ט), *Lamed* (ל), *Kaf* (ק) = *Kaf Vav* (כו)		
ט → כו	*Kaf* (כ)	= 20
	Vav (ו)	= 6
		26

Todo ello alude al hecho de que las letras del alfabeto deben permutarse con las del *Tetragrammaton*. Los puntos vocálicos también deben permutarse con ellas, a fin de devolver su esencia a su Raíz e influenciarlas desde la fuente más elevada.

Los diversos conceptos espirituales, así como los hilos que los conectan, varían según su fuente.

Esto se expresa por medio de los puntos vocálicos.

Por lo tanto, hay que combinar las letras del *Tetragrammaton* con las del alfabeto, y ambas deben combinarse de todas las maneras posibles con todos los puntos vocálicos. Esto alude entonces a todas las raíces, ya que están influenciadas por la Fuente superior.

Rabbí Moisés Cordovero[21]

* * *

Algunos de los sabios más antiguos deliberaron sobre las permutaciones y combinaciones del Nombre que contiene setenta y dos letras, así como con otros Nombres Divinos. Cuando un individuo puro y recto hace uso de ellos a través de la meditación profunda *(hitbodedut)*, puede revelársele una pequeña porción de un Eco Divino *(Bat Kol)*. Con respecto a esto, está escrito, «El espíritu de Dios habló en y su palabra estaba en mi lengua» (2 Samuel XXII-2).

La razón de esto es que uno puede ligar las Fuerzas espirituales y unirlas a través de estos Nombres… hasta que le sea concedido un poderoso influjo. La única condición es que sea digno de ello, ya que, si no lo es, el espíritu puede ser destructivo y llevarlo a las garras de las Fuerzas del mal.

Rabbí Moisés Cordovero.[22]

---

21. *Pardes Rimonim* 21:1. Las combinaciones de letras en la ilustración se citan allí, tomadas de «Sefer HaNikkud». Esto es en realidad *Or HaSejel*, citado en nota 93. Véase *Or Yakar*, Comentario sobre *Zohar Shir HaShirim*, citado en Scholem, *Kitvei Iad BaKabbalah*, p. 232.
22. *Pardes Rimonim* 30:3. Esto se cita en *Shaarei Kedushah*, Parte Cuatro, 10a.

Tabla 3

Un sistema en el que la letra Yod, la primera del
Tetragrammaton, se combina con la letra Alef y las cinco vocales
primarias. Se utiliza como recurso de meditación.

<table>
<tr><td>

AoIo AoIa AoIe AoIi AoIu

AaIo AaIa Aaie AaIi AaIu

AeIo AeIa AeIe AeIi AeIu

AiIo AiIa AiIe AiIi AiIu

AuHo AuHa AuIe AuIi AiIu

IoAo IoAa IoAe IoAi IoAu

IaAo IaAa IaAe IaAi IaAu

IeAo IeAa IeAe IeAi IeAu

IiAo IiAa IiAe IiAi IiAu

IuAo IuAa IuAe IuAi IuAu

</td><td>

אִי אֵי אֶי אַי אָי

אִי אֵי אֶי אַי אָי

אִי אֵי אֶי אַי אָי

אִי אֵי אֶי אַי אָי

אִי אֵי אֶי אַי אָי

יָא יָא יָא יָא יָא

יָא יָא יָא יָא יָא

יָא יָא יָא יָא יָא

יָא יָא יָא יָא יָא

יָא יָא יָא יָא יָא

</td></tr>
</table>

<table>
<tr>
<th colspan="6" align="center">הא</th>
<th colspan="5" align="center">יוד</th>
</tr>
<tr>
<td colspan="6" align="center">

אֹה אֹה אֹה אֹה אֹה אֹה

אָה אָה אָה אָה אָה אָה

אֵה אֵה אֵה אֵה אֵה אֵה

אֶה אֶה אֶה אֶה אֶה אֶה

אֻה אֻה אֻה אֻה אֻה אֻה

אִה אִה אִה אִה אִה אִה

</td>
<td colspan="5" align="center">

אִי אִי אִי אִי אִי

אִי אִי אִי אִי אִי

אִי אִי אִי אִי אִי

אִי אִי אִי אִי אִי

אִי אִי אִי אִי אִי

אִי אִי אִי אִי אִי

</td>
</tr>
<tr>
<th colspan="6" align="center">הא</th>
<th colspan="5" align="center">ואו</th>
</tr>
<tr>
<td colspan="6" align="center">

אה אֵה אֵה אֵה אֵה אֵה

אֹה אֹה אֹה אֹה אֹה אֹה

אֵה אֵה אֵה אֵה אֵה אֵה

אֶה אֶה אֶה אֶה אֶה אֶה

אֻה אֻה אֻה אֻה אֻה אֻה

אִה אִה אִה אִה אִה אִה

</td>
<td colspan="5" align="center">

אֹו אֹו אֹו אֹו אֹו

אָו אָו אָו אָו אָו

אֵו אֵו אֵו אֵו אֵו

אֶו אֶו אֶו אֶו אֶו

אֻו אֻו אֻו אֻו אֻו

אִו אִו אִו אִו אִו

</td>
</tr>
</table>

112

✳ ✳ ✳

Dios deseaba ser llamado por un nombre. A través de este Nombre, Su obra puede hablar de Él y llamarle. Pronunciando este Nombre, las personas también pueden acercarse a Él.

Dios especificó un Nombre único (el *Tetragrammaton*) para Su Gloria y, a propósito de este nombre, está escrito: «Éste es mi nombre para siempre» (Éxodo III-15). En la medida en que Dios desea tener un Nombre, éste es Su Nombre con respecto a la Gloria misma.

Además de esto, sin embargo, Dios también hace uso de otras Influencias (Sefirot). Con respecto a éstas, Él también tiene Nombres diferentes.

Dios también decretó y ordenó que cuando una persona pronuncie Su Nombre, le sean concedidas la Iluminación y la Influencia divina. A esto se refería Dios cuando dijo: «En lugar donde Yo permita que Mi Nombre sea mencionado, Yo vendré a ti y te bendeciré» (Éxodo XX-21).

Cuando se pronuncia un nombre concreto de Dios y se utiliza para invocarle, se produce la emanación de una Influencia asociada a ese Nombre. El tipo de Influencia transmitida será la que Dios asoció al Nombre particular, por virtud de su misterio.

Cuando se transmite una Influencia en particular, dará origen necesariamente los resultados que le son propios. Sus efectos particulares se propagarán a través de toda la secuencia de la creación, desde el principio hasta el fin.

Todo este proceso, sin embargo, está circunscrito a la Suprema Sabiduría. Dios decretó así que un Nombre sólo transmitiera un influjo y produjera un efecto cuando se pronuncia en determinadas condiciones de una manera definida. De lo contrario, no tiene efecto alguno.

Dios dispuso que algunas de las Influencias motivadas por la pronunciación de Sus nombres tuvieran el poder de suspender las limitaciones naturales de quien hace uso de ellas. Dicha persona es entonces capaz de vincularse a los seres espirituales y recibir información e iluminación.

Esta información puede incluir cosas que de otro modo no serían accesibles a la razón humana. Otras cosas que puede incluir, sin embargo, son los varios niveles de *Ruaj HaKodesh* y Profecía. Dios decretó que la inspiración y la profecía debían ser alcanzadas de esta manera, a través de los Nombres asociados con Dios con relación a estas Influencias. El individuo logra esto cuando repite estos Nombres mentalmente, los pronuncia verbalmente, o los combina con otras palabras, y al mismo tiempo cumple todas las demás condiciones necesarias.

Aunque trascender los lazos de la naturaleza es un único concepto general, es obvio que puede producirse de muchas maneras, dependiendo según la disposición y el nivel particulares asociados al método que se utilice. Las Influencias necesarias para completar el proceso con todos sus aspectos dependerán también de las propiedades intrínsecas del método, así como de su forma. También depende de esto el número de detalles y condiciones que implican el uso de los Nombres de Dios.

* * *

Este método, que implica la transmisión de las Influencias de Dios a través de Sus Nombres, sólo puede ser utilizado por un individuo que haya alcanzado un alto grado de cercanía y apego a Dios. Cuanto mayor sea este grado de cercanía, más éxito tendrá el uso del método. Si es insuficiente, le resultará más difícil, será más difícil obtener resultados...

Sin embargo, es obvio que no es apropiado que cualquiera haga uso del cetro del rey. A este respecto, los sabios enseñan: «el que se sirve de la Corona morirá».[23] Métodos como estos sólo están permitidos a individuos santos que están estrechamente unidos a Dios. Tales individuos, además, sólo utilizan estos métodos para

---

23. *Avot* 1:13, *Avot de Rabbi Nathan* 12:13, *Yoreh Deah* 176:16 en *Hagah*, 245:21 en *Hagah*.

santificar el nombre de Dios y hacer Su voluntad.[24] Aunque no se puede impedir que una persona indigna obtener resultados si sigue los procedimientos adecuados, puede ser castigado por la premeditación de su acto.[25] En cualquier caso, como ya se ha dicho, estos poderes no son absolutos, sino que están fuertemente circunscritos por las limitaciones definidas por la Sabiduría Superior. Además, incluso dentro de estos límites, el decreto de Dios puede impedir que surtan efecto, cuando Su Sabiduría lo considere oportuno y apropiado.

Rabbí Moshé Jaim Luzzato[26]

---

24. *Véanse* notas 82, 83.
25. Cf. Rashi, *Avodah Zarah* 17b «Lamah», *Sanhedrín* 101b «U'VeLashon», *Tosafot, Berajoth* 7a «HaHu», *Sefer Jasidim* 205, 484, *Ikkarim* 1:18, *Tshuvot Rashba* 1:220.
26. *Derej HaShem* 3:2:5, 6, 7.

Capítulo siete

La meditación

Ya hemos visto que la importancia de la meditación en el oficio de los profetas es muy grande. Dado que este hecho no está bien reconocido, sería útil examinar una serie de fuentes clásicas que hablan de ello explícitamente. Como veremos, un buen número de los filósofos y cabalistas clásicos afirmaron claramente que la meditación era la más importante de todas las disciplinas necesarias para alcanzar la iluminación y la profecía.

Hay fuentes que datan de la época talmúdica que enseñan que la profecía implica un alto grado de quietud mental. El discípulo de Jeremías, Baruj ben Nerías, dijo: «no he encontrado la serenidad». Y un Midrash muy antiguo comenta: «La serenidad no es otra cosa que profecía».[1] El poder espiritual y la iluminación, que es el elemento más importante de la experiencia profética, no se encuentra en el torbellino o el terremoto, sino en la «voz silenciosa» de la tranquilidad absoluta. Se trata de un estado que se alcanza a través de la meditación profunda.

Rabbí Isaac Abarbanel (1437-1508), uno de los filósofos más influyentes, habla en diversos lugares de la meditación en el contexto de la profecía. Afirma que el primer paso hacia la profecía es alcanzar un fuerte nivel de deseo de vincularse a Dios, que debe ir seguido de una intensa meditación.

En otro lugar, enseña que los profetas solían tener un lugar especial para sus meditaciones. Después de que Saúl intentara herir a David con una lanza, la Escritura afirma que «David huyó y logró escapar, y vino a ver a Dios. Él y Samuel se fueron a Naioth, donde se quedaron» (1 Samuel XIX-18). Abarbanel escribe: «parece ser que Naioth era un lugar cerca de Ramá, donde se alojaban los

---

1. *Mekhilta* sobre Éxodo XII-1, Rashi, Radak, sobre Jeremías XLV-:3, *Avodat HaKodesh, Sitrei Torah* 25.

profetas. Era un lugar para sus meditaciones *(hitbodedut)*, donde iban a buscar la palabra de Dios. Por eso el Targum afirma que era la "Academia de los Profetas"».

❖ FUENTES

Los profetas meditaban *(hitboded)* sobre los más altos misterios de las Sefirot, así como sobre el Alma Suprema, que incluye todos los atributos. Representaban estas cosas en su mente con su facultad imaginativa, visualizándolas como si las tuvieran delante.

Cuando su alma se apegaba al Alma Suprema, esta visión aumentaba y se intensificaba. Entonces se revelada automáticamente a través de un estado en el que el pensamiento está totalmente ausente.

Fue de esta manera como los primeros santos elevaban sus pensamientos, alcanzando el lugar desde el que emanaban sus almas.

Éste era también el método para alcanzar la profecía. El profeta meditaba *(hitboded)*, dirigiendo su corazón y fijando su mente en lo alto. Lo que el profeta visualizaba dependía del grado y los medios de su apego. Entonces contemplaba y veía lo que sucedería en el futuro.

Éste es el significado del versículo: «a Él te apegarás» (Deuteronomio X-20).

Rabbí Menajem Recanati (1223-1290)
Maestro cabalista[2]

* * *

La profecía es un influjo espiritual concedido por Dios al hombre. Es obvio que el individuo debe prepararse para tal perfección, vin-

---

2. Comentario sobre *VaYeji* (Lvov, 1880) p. 37d, citado en *Minjat Yehudah (Jayit)* sobre *Maarekhet Elokut* 10 (Mantua, 1558) p. 143b. También citado en *Shaarei Kedushah*, Parte Cuatro, p. 18a. El primer párrafo aquí sigue la lectura en *Shaarei Kedushah*, en lugar de la edición impresa, ya que el primero es más explícito.

culándose a Dios y meditando constantemente *(hitbodedut)* en Su adoración.

También es obvio que este apego y vínculo con Dios se alcanza a través de la *Torah* y sus mandamientos, que contienen la máxima perfección del hombre.

La forma adecuada de alcanzar este nivel es a través del verdadero amor y la adoración a Dios. Es obvio que, si uno fortalece este vínculo de amor, estará tanto más preparado para la iluminación. Cuando un individuo mantiene este vínculo consistentemente y medita *(hitboded)* profundamente en su amor a Dios, no hay duda de que el influjo divino le será concedido, siempre que no haya nada que lo impida.

Rabbí Jasdai Cresques (1340-1410)
Filósofo[3]

* * *

Con su mente preclara, [Moisés] fue capaz de comprender lo que se requería para alcanzar la iluminación, comprendiendo que el camino era la meditación *(hitbodedut)*.

Por lo tanto, optó por separarse de todo lo que lo perturbara y rechazar todos los deseos físicos, eligiendo ser un pastor en el desierto, donde no hay gente. Allí alcanzó, sin duda, un gran apego a lo conceptual, despojándose de todos los deseos corporales, hasta que pudo permanecer cuarenta días y cuarenta noches sin comer ni beber.

Rabbí Simón ben Tzemaj Durán (1361-1444)
Filósofo y comentarista[4]

* * *

---

3. *Or HaShalom* 2:4:4 (Viena, 1860) p. 46a.
4. *Maguen Avot* 2:2 (Livorno, 1785) p. 16a.

Está escrito [que Samuel dijo a Saúl]: «Cuando llegues a la ciudad, te encontrarás con una banda de profetas, que vienen de altos lugares, con arpa, tambor, flauta y lira, y ellos mismos estarán profetizando *(mit-navim)*. El espíritu de Dios te sucederá y profetizarás con ellos, y te transformarás en un hombre diferente» (1 Samuel X-:5,6).

Estos individuos eran los «hijos de los profetas», los discípulos de Samuel. Él les enseñaba y dirigía, preparándolos para recibir el influjo profético. Iban a esta colina para meditar *(hitboded)* y buscar profecías debido a la influencia del Arca de Dios, que allí se guardaba. Mientras buscaban la profecía, hacían uso de instrumentos musicales, preparándose a través de la euforia producida por la música.

Cuando la Escritura dice que estaban «profetizando a sí mismos» *(mit-navim)*, no significa que estuvieran cantando alabanzas, como afirman varios comentaristas. Más bien significa que estaban induciendo la profecía en sí mismos mediante la meditación *(hitbodedut)*. La palabra *Mit-nave* es la forma reflexiva del verbo *Nava*, que significa «profetizar».

El versículo dice entonces: «el espíritu de Dios tendrá éxito en ti». En mi opinión, esto significa que el *Ruaj HaKodesh* tendría éxito en él, refiriéndose a la voluntad y el deseo de profetizar. Inmediatamente después, «profetizarás a ti mismo *(mit-nave)* con ellos», es decir, que se comprometería en los métodos de la profecía. La escritura afirma entonces que alcanzaría su meta deseada: «te transformarás en un hombre diferente». Él alcanzaría el influjo profético, y a través de esto, se convertiría en una persona diferente.

Esto indica que el primer paso en la profecía es un fuerte deseo. Le sigue la meditación *(hitbodedut)*, que es su medio. La meta es entonces el influjo que le llega.

Rabbí Isaac Abarbanel[5]

* * *

---

5. Comentario sobre 1 Samuel X-5.

El concepto de sueño profético y el de visión son tan parecidos que ambos pueden considerarse lo mismo. La razón es que ambos tienen la misma fuente…

Un sueño profético se produce a través de la meditación *(hitbodedut)*, que involucra la mente y la conciencia. Como resultado del poder de esta meditación sobre un tema en la mente, se produce una fuerte impresión en el alma. A través de esta meditación, el alma se eleva, como si estuviera separada del cuerpo, y no es restringida por lo físico.

Éste es en realidad el significado de la palabra *Jalom* (חלם) que significa «sueño». Viene de la raíz Jalam (חלם), que significa «fortalecer», como en «me fortaleciste *(tajlimeni)* y me diste vida» (Isaías XXXVIII- 16). Esto se debe a que un sueño es causado por la fortaleza *(jalam)* y la vitalidad del alma, cuando ésta vence al cuerpo. Cuando uno está en un estado de preparación a través de la meditación *(hitbodedut)*, es fortalecido a través de un sueño profético…

Una visión profética es también el resultado de la meditación. El profeta contempla mentalmente las gloriosas visiones que envuelven el misterio de las Cámaras en lo alto, uniéndolas y unificándolas en lo alto con su Causa. Su mente se eleva entre las temibles Formas que hay en cada cámara, y su conciencia está ligada a ellas y unificada con ellas.[6]

De este modo, el profeta se despoja de lo físico, abandonando todo sentimiento y sensación asociados al cuerpo. Se disuelve en esas Formas y su conciencia se reviste de ellas. A través de estas formas experimenta su visión, viendo según el nivel de su percepción.

Es de esta manera como uno recibe un mensaje profético, y las palabras se graban *(Jakak)* en su corazón de manera espiritual.[7]

Después de que la visión le abandona, se despoja de la Forma en la que estaba revestido por el poder de su propia forma original.

---

6. *Véase* nota 30.

7. Esto se debate en detalle en *Sulam HaAliah* 7, citado por Scholem, *Kiryat Sefer* 22:162 (1945). Véase también Abraham Abulafia, *Otzar Eden HaGanuz* (Bodleian, Ms. Or 606) pp. 16a, 17a.

A esto alude la *Torah*, que dice: «Dios se fue cuando terminó de hablar a Abraham, y Abraham se volvió a su lugar» (Génesis XVII-33). Esto significa que Abraham volvió a su nivel original, donde estaba antes de tener esta visión.

He visto un concepto similar en las enseñanzas de los Maestros de la Verdad, que lo recibieron de los *Gaonim*. Ellos escriben:

«Todas las facultades del profeta y del vidente se desvanecen, y se transmiten de una Forma a otra, hasta que el individuo se reviste del poder de la Forma que le es revelada. Este poder se transmite entonces a una Forma angélica, y cuando esa Forma se transmuta en el profeta, le da el poder de recibir el potencial profético.

Éste se graba entonces en su corazón con una forma espiritual que él representa. Después de que este agente lo abruma de forma incontenible, el profeta se despoja del poder de la Forma que le ha sido revelada, y se reviste del poder de su forma normal. Es como si se despojara de una forma y se revistiera de otra.

Después, las partes de la mente del profeta se reúnen y sus facultades físicas vuelven a ser las que eran originalmente.

Entonces, cuando se encuentra en un estado humano normal, pronuncia las palabras de su profecía».

Éstas son las palabras que he encontrado».

Rabbí Meir Ibn Gabbai (1480-1547)
Filósofo cabalístico[8]

* * *

Hay que aprender estos métodos de un maestro, igual que los «hijos de los profetas», que se preparaban para profetizar.

También tenían que ponerse de buen humor. Éste es el significado del comentario de Eliseo: «ahora traedme un músico». Y fue cuando el músico tocó, [y la mano de Dios vino sobre él]»

---

8. *Avodat HaKodesh, Sitrei Torah* 27 (Varsovia, 1894) p. 135c, d.

(2 Reyes III-15). Luego meditaban *(hitboded)* de acuerdo con su conocimiento de los métodos meditativos. De este modo alcanzarían niveles maravillosos, despojándose de lo físico, y haciendo que la mente superara al cuerpo por completo. La mente se vuelve tan dominante que los sentidos físicos son abandonados, y el profeta no siente nada con ellos.

La conciencia del profeta está entonces en aquello que busca, subiendo los distintos peldaños de las alturas. Así meditaban y se despojaban de lo físico.

Rabbí Moisés Cordovero[9]

---

9. *Shiur Komah* 16 (Varsovia, 1883) p. 30d.

Capítulo ocho

El vínculo

De todas estas fuentes se desprende que la meditación desempeñó un papel clave en el oficio de los profetas, y que era un elemento indispensable para alcanzar la iluminación profética. Con la destrucción del Templo de Salomón y el exilio babilónico, sin embargo, las escuelas proféticas perdieron su influencia, y la profecía prácticamente desapareció de la escena.

Se dan varias razones para ello. Una de ellas es que la verdadera profecía sólo puede tener lugar en Tierra Santa. Mientras que la iluminación más general de *Ruaj HaKodesh* puede alcanzarse en cualquier lugar, la profecía real, donde un mensaje distinto puede ser discernido, requiere condiciones especiales.[1] Pero como la mayoría no regresó a la Tierra Santa después del exilio babilónico, la profecía, en su sentido formal, no pudo alcanzarse más.[2]

Aunque las escuelas proféticas nunca admitieron iniciados indiscriminadamente, tras el exilio se convirtieron en verdaderas sociedades secretas. Los líderes habían visto que la búsqueda abierta de la profecía y la experiencia mística había llevado a muchas personas a participar en la idolatría y la brujería. En gran medida, fue esto lo que condujo al exilio, y los líderes estaban decididos a que esto no se repitiera. Por lo tanto, «anularon el deseo de idolatría», restringiendo todas las enseñanzas místicas a un número muy limitado de

---

1. *Mekhilta* sobre Éxodo XII-1, Sifri sobre Deuteronomio 18:15, *Tanjuma Bo 5*, *Midrash Tehillim* 132:3, Rashi, Radak, sobre Jonás I-3, Ramban sobre Deuteronomio XVIII-15. *Zohar* 1:85a, 1:121a, 2:170b, *Emunot VeDeyot* 3:5, *Kuzari* 2:14, Ibn Ezra sobre Joel 3:1, *Tshuvot Radbaz* 2:842, Radal sobre *Pirkei Rabbi Eliezer* 10:11. El único que aparentemente discute esto es el Rabino Abraham Abulafia. Véase *Sefer HaJeshek* (Jewish Theological Seminary, Ms. 1801), p. 32a. Maimónides tampoco lo menciona.
2. *Yoma* 9b, *Kuzari* 2:24 (40a).

escuelas integradas únicamente por los individuos espiritualmente más avanzados.[3]

Todo el enfoque del judaísmo se vio así alterado. La profecía y la iluminación mística habían desempeñado un papel en la vida general de la población, y ahora quedaban relegadas a un segundo plano. El centro de atención cambió, y ahora la Ley Oral, con todas sus complejidades, se convirtió en el centro de la vida nacional, alcanzando su apogeo con la compilación del Talmud. La actividad mística que existía permaneció dominada por unas pocas, pequeñas y restringidas sociedades secretas. La regla general era que no se pueden enseñar los secretos a dos personas a la vez. No se pueden enseñar los misterios del Carro *(Merkava)* ni siquiera a una, a menos que sea tan sabio que pueda entenderlos por sí mismo».[4]

Una importante ramificación de esto se encontró en el ámbito de la oración. En la época de los profetas, no existía un verdadero culto formal, y cada persona oraba con sus propias palabras. Si se necesitaba una oración especial para canalizar un determinado nivel de energía espiritual, tal servicio podía ser dirigido por uno de los profetas o sus discípulos, que sabían cómo formular la oración para canalizar las fuerzas requeridas. Por este motivo, el líder de la oración se llama *Jazan* (חזן), de la misma raíz que *Jazon* (חזון), que significa «visión profética».[5]

Sin embargo, cuando cesó la profecía, esto ya no fue posible. Había que formular un sistema formal de culto, con todos sus elementos místicos. Esto lo hizo la Gran Asamblea, bajo la dirección de Esdras, poco después del regreso del exilio babilónico.[6] Es significativo observar que muchos de los últimos profetas participaron en la compilación de estas oraciones.[7] Muchas de las tradiciones proféticas fueron transmitidas a los sabios del Talmud. Un excelen-

---

3. *Véase* final de Parte Tres, notas 107 y 109.

4. *Jaguigah* 2:1 (11b).

5. *Likutei Moharan* 3. Cf. Abudraham (Jerusalén, 1963) p. 126.

6. *Berajoth* 33a. Nótese que también fue la Gran Asamblea quien desterró el deseo por la idolatría. *Véase* nota 112.

7. *Meguilá* 17b.

te relato de esto lo hallamos en la introducción a *Las puertas de la santidad (Shaarei Kedushah)*.

* * *

❖ Un extracto de *Las puertas de la santidad*

«He visto hombres elevados y son pocos».[8] Ciertos individuos anhelan ascender, pero la escalera está oculta a sus ojos. Contemplan los libros antiguos, tratando de encontrar el camino de la vida, la senda que deben seguir y las acciones que deben realizar para elevar sus almas a su Raíz más elevada para unirse a Dios. Ésta es la única perfección eterna.

Éste era el camino de los profetas. Durante toda su vida se unían a su Creador. Como resultado de este apego el *Ruaj HaKodesh* descendía sobre ellos, enseñándoles el camino que conduce a la Luz. Esto les abriría los ojos a los misterios de la *Torah*, tema de la plegaria del rey David: «abre mis ojos y déjame contemplar las maravillas de tu *Torah*» (Salmos CXIX-18). Serían conducidos por un camino recto, preparado por «los hombres elevados», para que alcanzaran su meta.

Después de los profetas vinieron los Primeros Santos *(Jasidim Rishonim)*, a los que también se llamaba los Fariseos (Aislados),[9] que trataban de seguir los caminos de los profetas e imitar sus métodos. Estos individuos viajaban a cuevas rocosas y desiertos aislados de los asuntos de la sociedad. Algunos se recluían en sus casas, tan aislados como los que se adentraban en los desiertos.

---

8. Parafraseando *Sucá* 45b.

9. Los «Primeros Santos» *(Jasidim Rishonim)* se mencionan varias veces en el Talmud. Véase *Berajoth* 5:1 (30b), *Nedarim* 10a, *Bava Kama* 30a, *Nidá* 38a, *Menajot* 3:10, 12:8, *Bereshit Rabbah* 62:2. Los fariseos *(Perushim)* también se mencionan, véase *Iadayim* 4:6, *Jaguigah* 2:7 (18b), *Tosefta Shabat* 1:15, *Shabat* 13a, *Sotah* 22a, *Kiddushin* 66a; R. Itzjak ben Malchizedek, Bartenora, sobre *Demai* 2:3. Véase también Josefo, *Autobiografía* 2, *Antigüedades* 13:5:9, 18:1:3, Guerras 2:8:14. Aunque los fariseos son frecuentemente difamados, estaban entre los mayores santos y místicos de su época.

Día y noche alababan continuamente a su Creador, repitiendo las palabras de la Torá y cantando los salmos, que alegran el corazón. Continuaban de esta manera hasta que sus mentes estaban fuertemente unidas a las Luces Superiores con poderoso anhelo. Durante todos sus días, hacían esto constantemente hasta que alcanzaban el nivel de *Ruaj HaKodesh,* profetizando sin cesar. [10]

Aunque estos individuos estaban en un nivel mucho más bajo que los profetas, seguimos ignorando cuáles eran sus formas y sus métodos. No podemos emularlos ya que no sabemos cómo estos santos hombres servían a Dios.

En las generaciones que sucedieron a estos individuos, los corazones de la gente se hicieron más pequeños y la comprensión se redujo. Los maestros de *Ruaj HaKodesh* llegaron a su descanso final y dejaron de existir entre nosotros. Nos dejaron desprovistos, hambrientos y sedientos, hasta que la desesperanza creció en los corazones de los hombres y dejaron de buscar esta maravillosa disciplina. Todo lo que quedaba eran «dos o tres bayas en la rama más alta»,[11] «una en una ciudad y dos en una familia».[12] «Buscan agua y no hay ninguna»,[13] «porque toda visión ha sido sellada».[14] Todo esto es porque no había ningún libro que enseñara el método de cómo acercarse al santuario interior.

Algunos ataron ángeles con juramentos, haciendo uso de Nombres Divinos. Buscaron la luz, pero encontraron tinieblas ya que los ángeles con los que se comunicaban eran ángeles muy bajos, supervisores del mundo físico, que combinaban el bien y el mal. Estos ángeles no podían percibir la Verdad y las Luces. Por lo tanto, revelaban conceptos confusos, mezcla del bien y del mal, de la verdad y de la mentira, así como ideas inútiles relacionadas con la medicina, la alquimia y el uso de amuletos y conjuros.[15] Estos también «se

---

10. Parafraseando Números XI-25.

11. Parafraseando Isaías XVII-6

12. Parafraseando Jeremías III-14.

13. Parafraseando Jeremías III-14.

14. Parafraseando Daniel IX-24.

15. Véase *Sefer Jasidim* 205, 206.

equivocaron con el vino y se confundieron con la bebida fuerte».[16]
Lo que deberían haber hecho era pasar su tiempo estudiando la
Torah y sus mandamientos. Deberían haber aprendido la lección
de los cuatro gigantes espirituales que entraron en los Misterios
(Pardes), de donde ninguno salió entero, salvo el piadoso anciano,
Rabí Akiba.[17] Los ángeles quisieron incluso derribarlo, pero Dios lo
ayudó y «entró en paz y salió en paz».[18]

Estos individuos buscaban niveles muy elevados, cercanos a la
verdadera profecía, y fue por esta razón por lo que fueron heridos.
Pero incluso nosotros, hoy, podemos ser dignos de los niveles más
bajos de *Ruaj HaKodesh*. Esto puede ser a través de la revelación
de Elías, de la que muchos fueron dignos, como es bien sabido.
También puede consistir en la revelación de las almas de los santos
(tzadikim), que se menciona muchas veces en el *Zohar*. Incluso en
nuestros días he visto a hombres santos alcanzarlo.

También hay casos en los que la propia alma de una persona se
vuelve altamente purificada y se le revela, guiándole en todos sus
caminos. Todas éstas son formas de acercarse a [Dios], y pueden
conseguirlo aquellos que son dignos incluso hoy en día. Pero esto
requiere mucha disciplina y vencer muchas tentaciones antes de
llegar a la Verdad. Si uno no está suficientemente preparado, otro
espíritu impuro puede entrar en él…

Por lo tanto, estoy escribiendo un libro en el que explicaré estos
misterios tal como los aprendí de los labios del santo Rabino Isaac
Luria. Puesto que se trata de los secretos más profundos y misterios más ocultos, por cada palmo que revele, ocultaré una milla.
Con gran dificultad abriré las puertas de la santidad, haciendo una
abertura como el ojo de una aguja, y dejaré que el que sea digno de
pasar a través de ella penetre en la cámara interior. Dios es bueno y
no negará este beneficio a los que caminan con rectitud.

---

16. Parafraseando Isaías XXVIII-7.

17. *Jaguigah* 14b. Esto se debate en detalle en *Meditación y Cábala*, publicado en esta
    misma colección.

18. Ibíd. 15b.

ARQUEOLOGÍA DE LA PALABRA

Capítulo uno

Referencias

Hemos visto cómo la meditación desempeñó un papel importante en el oficio de los profetas, y cómo experimentaban estados de conciencia extremadamente elevados. Por lo tanto, uno esperaría encontrar algunos consejos en sus escritos, y en la Biblia en general. Si estaban involucrados en estas prácticas y estados mentales, deben haber tenido un vocabulario con el que hablar de ellos. Incluso si no se refieren a estas prácticas explícitamente, sería de esperar al menos que algunas de estas palabras se encontraran en la Biblia.

Intentar descubrir este vocabulario es una tarea muy difícil. A efectos prácticos, la profecía cesó con la destrucción del Templo de Salomón y el exilio babilónico, hace unos veinticinco siglos. Siguió un período de varios siglos durante el cual no se escribieron comentarios sobre la Biblia y se publicó muy poca literatura. Todo el vocabulario que existía para describir las prácticas y experiencias de los profetas fue, en su mayor parte, olvidado.

Otra dificultad proviene del hecho de que los profetas eran muy reticentes a la hora de hablar de sus prácticas y experiencias, al igual que sus seguidores místicos. Prácticamente no hay explicación explícita en la Biblia acerca de cómo los profetas alcanzaron su estado iluminado, y con muy pocas excepciones, no hay descripciones de sus experiencias. Si en la Biblia se utiliza una terminología mística, es sobre todo en un sentido poético, o simplemente de pasada.

Buscar tales expresiones y términos se convierte en una práctica de arqueología verbal. Hay que escarbar en el texto bíblico, en busca de términos prometedores, y luego, tanto por el contexto como por el análisis lingüístico, intentar descubrir el significado preciso de estas palabras. Al hacerlo, se encuentra una ayuda importante en las interpretaciones talmúdicas y midráshicas, así como los comentarios clásicos.

La forma más sencilla de encontrar referencias a la meditación en la Biblia es consultar las distintas traducciones, sobre todo las más antiguas, que pueden estar basadas en tradiciones ancestrales. Aunque no podemos confiar en que estas traducciones nos den una interpretación precisa, son útiles para ofrecer pistas que pueden ser investigadas más a fondo. Puede que no nos digan lo que se oculta bajo la superficie, pero pueden indicarnos dónde debemos excavar.

Cuando empezamos a indagar, podemos dar un significado más preciso a las palabras.

En las traducciones clásicas de la Biblia al inglés, la palabra «meditar» o «meditación» aparece diecisiete veces.[1]

Si volvemos la vista al hebreo original, encontramos que, en cada uno de estos casos, se utiliza una de estas dos palabras, *Siyaj* (שיח) o *Hagah* (הגה). En las traducciones clásicas, ninguna otra palabra hebrea se traduce como meditación. Sería, pues, lógico comenzar nuestra «excavación» con estas palabras.

---

1. La *Concordancia* de Cruden lista lo siguiente. De la raíz *Siyaj*: Génesis XXIV-63, Salmos LXXVII-12, CIV-:3, CXIX-15, 23, 48, 78, 97, 99, 148, 143:5. De la raíz *Hagah*: Josué I-8, Isaías XXXIII-18, Salmos I-2, V-1, XIX-14, XLIX-3, LXIII-6. Es significativo notar que *Hagah* aparece traducido como meditación sólo en los dos primeros libros de los Salmos, mientras que *Siyaj* aparece en este contexto sólo en los últimos tres libros. El segundo libro termina, «esto concluye las oraciones de David hijo de Jesé» (Salmos LXXII-20). También nota el número desproporcionado de veces que la palabra *Siyaj* se encuentra en el Salmo CXIX.

Capítulo dos

La distracción flotante

La primera referencia a la meditación en la Biblia se produce poco después de que Rebeca fuera traída de vuelta para casarse con Isaac, justo antes de su primer encuentro. La escritura dice: «Isaac vino del camino de Beer LaJai Roi… e Isaac salió a meditar *(suaj)* en el campo hacia el atardecer» (Génesis XXIV-62,63).

La palabra *Suaj* (שוח) sólo aparece esta vez en la Biblia. Sin embargo, está estrechamente relacionada con la palabra *Siyaj* (שיח), y la derivada *Sijah* (שיחה), que también se traducen para referirse a la meditación. El Talmud reconoce esta relación, afirmando que *Suaj* tiene la connotación de algún tipo de oración o culto, comentando este versículo: «*Sijah* no es otra cosa que oración».[1]

Uno de los últimos comentaristas, el del rabino Meir Lebush Malbim (1809-1879), afirma claramente que Isaac se dedicaba a una forma clásica de meditación. Beer Lajai Roi era el lugar donde el ángel se había aparecido a Agar después de que ella e Ismael fueran expulsados por Sara. Y como allí se había aparecido un ángel, este lugar se había convertido en un santuario. Malbim escribe: «éste era un lugar sagrado en aquel tiempo porque un ángel había sido visto allí, e Isaac iba allí cada tarde a meditar… *(hitboded)*».[2] Es significativo observar que Malbim utiliza el término *hitboded*, que, como hemos visto, se refiere al «aislamiento interior» de la meditación.

La enseñanza talmúdica de que la *Siyaj*-meditación indica algún tipo de culto u oración se apoya en numerosos versículos. Así, encontramos expresiones como: «Oh Dios, escucha mi voz

---

1. *Berajoth* 26b. Véase *Tosafot, Avodah Zarah* 7b «VeAin».
2. Comentario *ad loc.* Respecto a Hagar, véase Génesis XVI-14. Algunos, sin embargo, mantienen que Isaac realmente meditó en Jerusalén. Véase *Pesajim* 88a, Rashi *ad loc.* «Har», *Tosafot, Berajoth* 34b «Jatzif».

cuando medito *(siyaj)*» (Salmos LXIV,2), y aún más obviamente, «la oración del pobre, cuando se envuelve, ante Dios derrama su meditación *(siyaj)*» (Salmos CII-1). Aquí se refiere claramente a la comunión con Dios y, según este versículo, también puede ser verbal. Así, aunque la meditación es ante todo una actividad mental, el tipo de meditación que implica por la palabra *Siyaj* también puede ser verbal.

En muchos otros lugares de la Biblia, la palabra *Siyaj* se refiere claramente al habla real.[3] En el hebreo tardío este *Siyaj* era una palabra común para designar la charla ociosa que no tiene nada que ver con la tarea que se está llevando a cabo.[4]

Sin embargo, también hay lugares en los que se refiere a la meditación no verbal, y el ejemplo más claro es: «recuerdo mi melodía, medito *(siyaj)* con mi corazón, y mi espíritu *(ruaj)* busca» (Salmos LXXVII-7). De este versículo se desprenden dos cosas. En primer lugar, es evidente que el *siyaj* es un proceso que puede implicar el pensamiento, en el que uno está en comunión con su propio corazón. Y, lo que es más importante, lo vemos relacionado con el espíritu-*Ruaj*, el nivel del alma implicado en la iluminación, cuando es un modo de búsqueda. El concepto de *Siyaj* está estrechamente relacionado con la búsqueda de la iluminación y la exploración con el propio espíritu, *Ruaj*.

Rabbí Abraham Ibn Ezra, uno de los comentaristas más importantes, toma esto como referencia. En al menos dos lugares interpreta a la palabra *Siyaj* como «conversación con el propio corazón». Un lugar es en su comentario sobre el versículo «sobre tus estatutos medito *(siyaj)*» (Salmos CXIX-15), mientras que el otro es «en las palabras de tus maravillas meditaré *(siyaj)*» (Salmos LXLV-5). Según Ibn Ezra, la connotación de *siyaj*-meditación puede ser hablar con uno mismo sobre las enseñanzas y las obras de Dios.

Hay al menos un lugar donde encontramos claramente la palabra *Siyaj* relacionada con la profecía. El profeta Eliseo había enviado otro profeta a Jehú, miembro de la guardia del rey, con

---

3. Tales como Salmos LXIX-13, Job XXI-4.
4. *Jaguigah* 5b, de Amós IV-13; *Sotah* 44b, *Menajot* 36a.

instrucciones para que derrocara al rey Acab. Después de que el profeta se fuera, los compañeros de Jehú le preguntaron por qué había venido. La Biblia dice entonces: «Jehú salió a los siervos de su señor, y uno de ellos le dijo: "Todo está bien. ¿Por qué ha venido a ti este loco?". Él respondió: "Conoces a este hombre y su meditación *(siyaj)*"». (2 Reyes IX- 11).

Rabbí Levi ben Gershon (Ralbag) explica que «era habitual llamar loco a un profeta, ya que durante su meditación *(hitbodedut)*, entra en trance y no es consciente de los acontecimientos externos».

Aunque la palabra *Siyaj* aquí se traduce normalmente por «discurso», también puede traducirse como «meditación», como ocurre en otros lugares. La respuesta «conoces a este hombre y su meditación», indicaría entonces que este individuo era un profeta que meditaba a menudo, y que tales personas eran consideradas locas y debían ser ignoradas.

Vemos, pues, que la raíz *Siyaj* se refiere a una forma de meditación que puede ser verbal o no verbal. Al menos en algunos lugares la Biblia la asocia con *Ruaj*-espíritu y profecía. Además de esto, también es una palabra que se usa para una conversación casual, así como para una conversación que no va al grano. Por el contexto, parece que *Siyaj* se refiere a la meditación interior, no estructurada y dirigida, ya sea verbal o no verbal, en torno a un punto central. Uno fija su mente en un tema central, y luego deja que sus pensamientos lo acaricien, mirándolo desde todos los ángulos. Éste es sin duda el contexto de versículos como «yo meditaré *(siyaj)* en tus maravillas» (Salmos CXXIX-27), y, «meditaré *(siyaj)* en tus decretos» (Salmos CXIX-48). El objeto general de la meditación en estos versículos son las maravillas y las enseñanzas de Dios, y la mente y los labios las escudriñan desde todos los ángulos.

Esta meditación también puede consistir en cantos y salmodias, en los que se permite a la mente divagar en torno a un concepto. Éste es muy probablemente el significado del versículo «cantaré a Dios con mi vida, cantaré a mi Dios con mi existencia, que mi meditación *(siyaj)* sea dulce para Él, yo me regocijaré en Dios» (Salmos CIV-33, 34). Un concepto similar se expresa en el versículo: «Cantadle, salmodiadle, meditad *(siyaj)* en todas sus maravillas» (Salmos CV-1). Este tipo de meditación puede haber estado asociada a la profecía, ya que, como hemos visto, la música era muy importante en la vida de los judíos para alcanzar el estado profético.

Otro tipo importante de meditación *Siyaj* es la oración. En este caso, el tema central de la meditación son los propios problemas o la superación personal, y también en este caso se permite a los pensamientos vagar libremente alrededor del tema central. Los pensamientos espontáneos pueden expresarse verbalmente en la oración, y éste es el significado de la enseñanza talmúdica antes mencionada de que *Siyaj* es oración. Es significativo señalar que el destacado maestro jasídico, Rabbí Najman de Breslov, utiliza el término *Siyaj* para hablar de su sistema de oración espontánea, que en realidad es una meditación verbalizada.

Un importante análisis filológico de esta palabra ha sido llevado a cabo por el eminente lingüista, el rabino Solomon Pappenheim (1750-1814).[5] Afirma que la palabra *Siyaj* (שיח) está estrechamente relacionada con la raíz *Nasaj* (נסח), que significa «arrancar». Por lo tanto, la palabra *Siyaj* se refiere al habla que no se pronuncia por sí misma, sino para alejar otros pensamientos de la mente, despejándola, limpiándola de preocupaciones, problemas y otras ideas mundanas. Su principal connotación es, por tanto, la de distracción, ya que es un proceso destinado a eliminar todo pensamiento de la mente.

En este contexto, esta palabra está estrechamente relacionada con *Hesej HaDaat* (הסח הדעת), un término posbíblico para «distracción de la mente». Este término se utiliza ocasionalmente para indicar el destierro todos los demás pensamientos de la mente para poder concentrarse mejor en un único tema. El Talmud lo utiliza cuando dice: con «que distraiga su mente», queremos decir: «que distraiga su mente de todo otro pensamiento excepto éste».[6] Estrechamente

---

5. *Ieriot Shlomo*, Volumen Dos (Roedelheim, 1831) p. 12a. Esto se cita en parte en *HaKatav VaHaKabbalah* sobre Génesis XXIV-63. Véase Deuteronomio XXVIII-63, Salmos LII-7, Proverbios II-22, XV-25.

6. *Shabat* 82a. Como tal, la raíz *Nasaj* (נשך) está relacionada con la palabra *Nashah* (נשה), que significa «olvidar».

relacionada con ésta, y muy probablemente de la misma raíz, está la palabra bíblica *Masaj* (מסח). Esta palabra sólo se encuentra una vez en la Biblia, en relación con la guardia alrededor del palacio real, donde un tercio de las tropas servía de barrera especial: «otro tercio estará en la puerta detrás de la guardia, y vigilarán la casa una guardia especial *(masaj)*» (2 Reyes XI-6). Los comentaristas explican que esta «guardia especial» para *Masaj* implica que no deben «distraer su mente de ello».[7] Esto significa que los guardias no deben distraer su mente de cualquier otro pensamiento para concentrarse completamente en la tarea que tienen entre manos.

De todo esto se desprende que la palabra *Siyaj* en realidad se refiere a un tipo de meditación en la que uno elimina todos los demás pensamientos de la mente, concentrándose en una idea. En muchos casos puede tratarse de la meditación no estructurada e interiormente dirigida de la que hablábamos antes, pero, en un sentido más general, se refiere a la contemplación de una idea llenando totalmente la mente con ella. Así lo afirma explícitamente Rabbí David Kimji (Radak, 1160-1235), uno de los exégetas y etimólogos bíblicos más importantes de todos los tiempos. En su comentario sobre el versículo: «ante mis ojos hay vigilantes, para meditar *(siyaj)* en todos tus dichos» (Salmos CXIX-148), afirma que *siyaj* significa contemplación *(hitbonenut)*.

En este contexto, la palabra *siyaj* también está relacionada con la raíz *Sajah* (סחה), que significa «limpiar». Esto se debe a que es un proceso a través del cual uno borra todos los demás pensamientos de su mente.

Aún más importante es el hecho de que la palabra *Siyaj* está también relacionada con la raíz *Sajah* (סחה), que significa «nadar» o «flotar». La relación entre estas dos raíces es tan estrecha que al menos en un lugar de la Biblia hay confusión en cuanto al verbo. Esto ocurre en el versículo, normalmente traducido como: «cada noche hago nadar mi lecho (אשח) con lágrimas se deshace mi lecho» (Salmos VI-7). Los principales comentaristas también interpretan el verbo como referido a nadar. Sin embargo, el Targum,

---

7. Véase Rashi, Radak, *ad loc.*; *Sefer Shorashim* «NaSaJ».

la antigua traducción aramea autorizada de la Biblia, traduce este versículo así: «cada noche hablo de mi dolor». Según el Targum, pues, el verbo se deriva de *Siyaj*, en su definición como discurso.

En este contexto, tanto la palabra *Siyaj* (שיח) como *Sajah* (שחה) están relacionadas con la raíz de dos letras *Saj* (שח), que significa «flotar» o «elevarse». Esto está muy cerca de la raíz *Saa* (שא) que expresa el concepto de elevación, como en el verbo *Nasaa* (נשא), que significa «elevar». Como en muchos casos, también se relaciona con una raíz que tiene precisamente el significado opuesto. Así, vemos una estrecha relación entre estas palabras y la raíz *Shajah* (שחה), que significa «ser rebajado».

Así, la palabra *Siyaj* también tiene la connotación de flotar o elevarse a la cima desde un nivel inferior. A través de la meditación *Siyaj* el individuo se eleva espiritualmente, flotando a través de los Universos. Al igual que un nadador flota sobre la superficie del agua, así el que practica la *Siyaj*-meditación flota por encima del mundo terrenal, entrando en el reino de lo trascendental.

Es muy probable que sea en este contexto en el que el Talmud afirma que Rabbí Iojanan ben Zakkai era experto en el *Siyaj* de los ángeles del Señor y en el *Siyaj* de los demonios.[8] Resulta altamente significativo advertir que esto se afirma en el mismo contexto en el que también se declara que era experto en la Obra del Carro *(Maasé Merkavah)* que, como hemos visto, requieren los más profundo estados místicos. En relación con la palabra *Siyaj*, Rabbí Nathan ben Iejiel (1035-1106) explica que esto significa que Rabbí Iojanan sabía comunicarse con los seres espirituales, indicando que también conocía la manera de «flotar» y ascender a su esfera.[9] El *Zohar* declara con claridad que este tipo de *Siyaj* implica la comunión con la Presencia Divina *(Shekinah)*.[10]

Una de las relaciones más interesantes que rodean a esta palabra, *Siyaj*, es el hecho de que el mismo término se emplea también para

---

8. *Sucá* 28a.

9. *Aruj*, «Saj» (שכח). Véase *Beer Mayim Jaim*, citado en *Etz Yosef* sobre *Ein Yaakov*, Sucá 7.

10. Tikunei Zohar 70 (125b).

denotar un arbusto o árbol. El lugar más obvio donde esta palabra aparece es en: «aún no había ningún arbusto *(Siyaj)* del campo en la Tierra» (Génesis II-5). El eminente filólogo y filósofo Rabbí Samson Raphael Hirsch sostiene que, en los dos casos, la palabra *Siyaj* se refiere al crecimiento, ya sea de una planta o de un pensamiento. A este respecto, tiene también la connotación de un movimiento ascendente, como el concepto de flotar, que ya hemos visto. Hirsch explica que también tiene la connotación de crecimiento y elevación espiritual.[11]

Esta relación se hace tanto más significativa cuando nos damos cuenta de que en muchos lugares, especialmente en la literatura cabalística, ascender a las esferas espirituales superiores se conoce como escalar o ascender por el «Árbol de la Vida».[12] Se hace alusión a esto cuando la Biblia habla de los Querubines que «custodian el sendero del Árbol de la Vida» (Génesis III-24), como se ha comentado. Queda, además, expresado en el versículo que dice a propósito de la Sabiduría: «es un Árbol de la Vida para los que se aferran a ella» (Proverbios III-18). Podemos, pues, afirmar que la palabra *Siyaj* se refiere a la ascensión por este Árbol de la Vida.

Sin duda por esta razón Dios se reveló la primera vez a Moisés en una zarza ardiente *(sneh)*. El Midrash lo relaciona claramente con la idea de árboles en general.[13]

A menudo podemos hacernos una idea de los métodos proféticos a partir de las prácticas idólatras que trataban de imitarlos. Cuando nos damos cuenta de lo importante que fue el Árbol de la Vida en el contexto de la meditación profética, también podemos entender cómo el árbol llegó a ser un elemento clave en numerosas prácticas idólatras y meditaciones. En estos ritos era especialmente importante el árbol de Asera, mencionado muchas veces en la Bi-

---

11. Comentario sobre Génesis II-:5, XXIV-63, Salmos LV-18, LXIV-2, CII-1. Véase Ibn Ezra sobre Génesis I-5.

12. Véase especialmente, Zohar 1:25b, *Tikunei Zohar* 51 (86b).

13. Véase *Shemot Rabbah* 1:9. Véase también *Kehilat Yaakov*, «Sneh». Abulafia también construye un mandala que representa la Zarza Ardiente de 120 Alefs. Véase *Sefer HaJeshek* (Jewish Theological Seminary, Ms. 1801) p. 12a: La figura allí en realidad debería ser la de un triángulo truncado.

blia. La Biblia denuncia claramente estos ritos en versículos como: «no plantarás ningún árbol de Asera, ni ningún árbol, cerca del altar del Señor, tu Dios» (Deuteronomio XVI-21).

Conscientes de la importancia del simbolismo arbóreo en las meditaciones proféticas, los idólatras intentaron emularlo. Plantaron árboles que sirvieran como objeto de sus meditaciones y visiones. A través de estos árboles de Asera esperaban ascender al Árbol espiritual, que muy probablemente veían como el Árbol de la Vida. La propia palabra *Asherah* (אשרה), por lo tanto, muy probablemente proviene de la raíz Shur (שור), que significa «ver» o «tener una visión».

De ahí que la palabra *Siyaj* se refiera a un «árbol» en su sentido espiritual, en el que se utiliza como instrumento de meditación para con lo trascendental. A menudo se dice que este «árbol» se refiere al conjunto de las Sefirot y, como hemos visto, ascender a través de este conjunto desempeña un papel clave en la meditación profética.[14]

La relación entre el concepto de «árbol» y el proceso mental viene indicada en cierta medida por el hecho de que la palabra hebrea para árbol, *Etz* (עץ), está estrechamente relacionada con la raíz *Ya'etz* (יעץ), que significa «aconsejar».[15]

La relación entre *Siyaj* utilizada en relación con la comunión con lo espiritual, y su significado como árbol, está claramente expresada en el Midrash. Cuando Agar e Ismael fueron expulsados por Sara, la Biblia afirma que Agar «arrojó al niño bajo uno de los árboles *(Siyaj)*» (Génesis XXII-15). El Midrash afirma que el árbol se llamaba *Siyaj* porque fue allí donde un ángel comulgó *(Siyaj)* con Agar.[16] Es significativo observar que esto ocurrió en Beer Lajai Roi, el mismo lugar donde Isaac meditó, y donde el término *Suaj* se utiliza por primera vez.

---

14. Para una explicación general sobre la relación entre un Árbol y las Sefirot, véase *Shaar HaPesukim* (Tel Aviv, 1961), p. 5. Respecto a escalar las Sefirot, *véase* Parte Dos, Nota 30.

15 Ibn Ezra sobre Génesis II-5. Véase también Hirsch sobre Génesis I-11.

16. *Bereshit Rabbah* 53:13. Cf. *Bereshit Rabbah* 13:2.

El árbol también simboliza la esencia espiritual del hombre, como alude el versículo: «el hombre es un árbol del campo» (Deuteronomio XX-19).[17] El *Zohar* afirma que el «campo» de este versículo es el «Campo de las Manzanas Sagradas», término que denota la Presencia Divina *(Shekinah)*.[18]

La palabra *Siyaj* por lo tanto, también indica un proceso por el que el individuo entra en su propia esencia espiritual, ascendiendo por la escalera espiritual de su propia alma.[19] La afirmación del *Zohar* de que el «campo» significa un nivel trascendental agrega una importancia adicional al versículo en el que aparece el término *Siyaj*: «Isaac salió fuera a meditar *(Suaj)* en el campo».

El significado espiritual de los árboles en este contexto es también evidente en el mandamiento de tomar las Cuatro Especies en el festival de Sucot (Cabañas). La Biblia dice: «el primer día tomaréis para vosotros un fruto del árbol de *Etrog,* frondas de palmera, ramas de mirto y sauces del arroyo» (Levítico XXIII-40). Lo más llamativo de este mandamiento es el hecho de que todas las Cuatro Especies se derivan de árboles.

Varias fuentes, tanto midráshicas como cabalísticas, explican que las Cuatro Especies reflejan diferentes elementos en el hombre, así como diferentes elementos espirituales de lo alto.[20] Es especialmente interesante observar que estas especies se tomaban específicamente en la festividad de Sucot, que era un momento especial de búsqueda del *Ruaj HaKodesh.*[21] La propia palabra *Succah* (סכה) (plural *Succot*) proviene de la raíz *Sakhah* (סכה), que significa «ver», especialmente en un sentido profético.[22]

---

17 Véase Shaarei Kedushah 3:5, citado anteriormente, Parte 2:2.

18 Zohar 2:60b. Esta es la Sefirá de la Realeza *(Maljut).*

19. Véase Rabino Samuel Tzartzah, *Makor Jaim* sobre Éxodo 3:2 (Mantua, 1559).

20. Bahir 176, Zohar 3:24a. El *Etrog* es *Maljut,* la rama de palma *(Lulav)* es *Iesod,* las tres ramitas de mirto son *Hessed, Guevurah, Tiferet,* mientras que los dos sauces son *Netzaj* y *Hod.* Véase también *VaYikra Rabbah* 30,14.

21. *Yerushalmi, Sucá* 5:1 (22b), *Tosafot, Sucá* 50b «Chad».

22. Véase *Meguilá* 14a, Rashi sobre Génesis XI-29; *VaYikra Rabbah* 1:3, *Targum* sobre 1 Crónicas IV-18, *Nidá* 24b. Véase *Likutei Moharan* 21,3.

El término *Siyaj*, por tanto, denota elevación y crecimiento espiritual, además de referirse al Árbol, que representa la escalera espiritual, y a la propia esencia espiritual del hombre. Cuando el individuo se dedica a la meditación *Siyaj*, despeja su mente de todo pensamiento, y luego la dirige hacia lo alto, flotando y elevándose a través del reino trascendental. Esto se hace aún más evidente cuando miramos de cerca, y literalmente, un versículo como: «en tus misterios *(pekudim)* meditaré *(siyaj)* y contemplaré tus sendas» (Salmos CXIX-15). La palabra *pekudim* (פקודים) procede de una raíz, *Pakad* (פקד), que significa «recordar» y «tener en confianza». Esta palabra indica conceptos «guardados en el corazón», ideas que existen naturalmente en la esencia del hombre, pero que deben ser exploradas con perspicacia y meditación antes de que puedan verse.[23] Como una «memoria», son pensamientos o ideas que uno guarda «en depósito» para Dios y, en este contexto, el término se utiliza a menudo para referirse a los Mandamientos. Sin embargo, en un sentido más general el término *Pekudim* se refiere a conceptos en el propio ser espiritual del hombre a través de los cuales puede alcanzar estados de iluminación. Así, cuando uno medita en estos *Pekudim*, es capaz de «ver» realmente los «Caminos» de Dios.

Muy a menudo, especialmente en raíces formadas por dos letras, estas letras pueden invertirse y tener una connotación similar. En el caso de la raíz *Siyaj* (שיח), las dos letras de la raíz son *Sin Jet* (שח). Cuando se invierte, se obtiene la base *Jash* (חש), de la que deriva la raíz *Jashash* (חשש), que significa «percibir» o «sentir». De esta raíz deriva la palabra *Jush* (חוש), que se refiere a los sentidos perceptivos. La palabra *Siyaj* está, pues, muy estrechamente relacionada con palabras que significan «sentir», «sentido» y «experiencia», y la palabra misma también debe estar relacionada con estos conceptos. También está estrechamente relacionada con esto la palabra *Jashav* (חשב), que significa «pensar».

Como ya se ha dicho, las prácticas idolátricas y otras prácticas ocultas a menudo arrojan luz sobre los métodos proféticos. Según Pappenheim varios términos de este tipo derivan de la raíz *Jash*.

---

23. Radak sobre Salmo CXIX-1, Ibn Ezra sobre Salmo CXIX-4.

Tales términos incluyen *Najash* (נחש) y *Lajash* (לחש), pertenecientes a varios tipos de adivinación, en los que el individuo intenta percibir cosas que normalmente están ocultas a los sentidos físicos.[24] Así pues, la raíz *Jash* expresa visión paranormal, a través de la cual uno mira en el reino espiritual.

Pappenheim también señala que esta misma raíz da lugar a la palabra *Joshen* (חשן), que se refiere al pectoral que lleva el Sumo Sacerdote.[25] Este pectoral se utilizaba como dispositivo meditativo. El Sumo Sacerdote contemplaba las letras grabadas en sus doce piedras y alcanzaba un estado muy parecido al de la profecía.[26] A través del *Joshen*, el Sumo Sacerdote podía percibir más allá de las limitaciones normales de sus sentidos.

La raíz *Jash* (חש) también está estrechamente relacionada con las raíces *Jashah* (חשה) y *Hasah* (הסה), que significan «estar en silencio». La sensibilidad de la mente que implican tanto *Siyaj* como *Jash* implica un aquietamiento de los sentidos y de la mente, y un silenciamiento de la corriente normal de pensamiento.

Esto, a su vez, arroja más luz sobre el misterioso término *Jashmal* (חשמל), mencionado en la visión de Ezequiel. Como hemos explicado, el Talmud afirma que se trata de una combinación de dos palabras, *Jash* (חש) que indica «silencio», y *Mal* (מל) que indica «habla». Como tal, es el «Silencio que Habla». Los cabalistas también hablan de él como la interfaz entre lo mundano y lo trascendental, y esto también se evidencia por el contexto de la visión de Ezequiel.[27] Lo que significa entonces es el estado mental por el que se pasa cuando se asciende desde el nivel de hablar, ya sea verbal o mentalmente, a uno de puro silencio mental y sensibilidad. Sólo

---

24. *Ieriot Shlomo*, Volumen Uno (Diberenfurth, 1784) p. 19b.

25. Ibíd. Véase Éxodo XXVIII-15.

26. *Véase* Nota 87.

27. Véase *Jaguigá* 13b, Aruj «Jashmal». Véase también *Etz Jaim, Shaar HaTzelem* 3 (Tel Aviv, 1960, p. 51), *Shaar HaJashmal* 1 p. 291), *Shaar Kitzur* ABYA 6 (p. 401), *Mavo Shaarim* 6:2:3, *Shaar HaKavanot, Inyan Levishat Begadim* (Tel Aviv, 1962) pp. 12, 13, *Pri Etz Jaim, Shaar HaTfilah* 3 (Tel Aviv, 1966), p. 19. Véase *Shaarei Kedushah* 3:6, citado anteriormente en Parte Dos #2, que el Jashmal es una «vestidura».

una vez superada esta barrera es posible contemplar una visión profética, como vemos en el caso de Ezequiel.

Lo último que hay que explorar aquí es la diferencia entre las dos palabras estrechamente relacionadas *Siyaj* (שיח) y *Suaj* (שוח). Como se mencionó anteriormente, el término *Suaj* sólo aparece en este versículo: «Isaac se puso a meditar *(suaj)* en el campo». En general, la palabra *Suaj* parece tener la misma forma que las raíces *Shua* (שוע) y *Shava* (שוה), que significan «liso» y «llano». *Suaj*-meditación es, por lo tanto, muy similar a la que *Siyaj*, pero se trata de un estado mental muy «suave», en última instancia calmado y tranquilo. De manera que si *Siyaj* significa trepar por el Árbol de la Vida, *Suaj* sería descansar en sus ramas más altas.

Esto puede entenderse cuando nos damos cuenta de que sólo lo utiliza Isaac, uno de los Patriarcas, que son personas que alcanzaron los niveles más elevados. Así, mientras otros pueden esforzarse por contemplar la Carroza *(Merkava)*, el Midrash afirma que «los Patriarcas mismos son la Carroza».[28] No eran como nadadores luchando contra la corriente para ascender río arriba, sino como individuos que flotaban suavemente en las aguas tranquilas de la Fuente.

---

28. *Véase* Parte Dos, Nota 34.

CAPÍTULO TRES

El ser dirigido

Tres palabras más que encontramos que indican meditación son *Higaion* (הגיון), *Hagig* (הגיג) y *Hagut* (הגות). Todas ellas derivan de la raíz *Hagah* (הגה).

Esta raíz está estrechamente relacionada con el pensamiento, como en versículos: «su corazón meditará *(hagah)* el espanto» (Isaías XXXIII-18). Otro ejemplo obvio es el versículo: «que las palabras de mi boca y la meditación *(hagaion)* de mi corazón sean agradables a Ti, oh Dios» (Salmos XIX-15). Rashi (1040-1105), el más importante de todos los comentaristas bíblicos, afirma explícitamente que *Hagah* significa «contemplación» *(hitbonenut)*.[1] El Midrash afirma igualmente que «el corazón medita *(hagah)*».[2]

Esto plantea cierta dificultad, ya que en otros lugares la raíz *Hagah* se refiere claramente al habla. Así, encontramos versículos como: «la boca del justo pronuncia *(hagah)* sabiduría» (Salmos XXXVII-30), y «mi lengua proferirá *(hagah)* tu justicia» (Salmos XXXV-28, LXXI-24). En este sentido la raíz *Hagah* es muy parecida a *Siyaj*, ya que tiene la connotación tanto de habla como de pensamiento. Hirsch afirma que la raíz *Hagah* se refiere al pensamiento que exige expresión, por lo que a veces sólo existe en la mente, mientras que otras veces se expresa verbalmente.[3]

En otros lugares, sin embargo, la palabra *Hagah* connota sonidos animales inarticulados y repetitivos. Encontramos expresiones como «arrullará *(hagah)* como una paloma» (Isaías XXXVIII-14), y «como león y cachorro gruñen *(hagah)* sobre su presa» (Isaías XXXI-4). Puede denotar un sonido inarticulado, como en «no

---

1. Comentario sobre Josué I-8. Véase también comentario sobre Salmos I-2, LXIII-7, 37:30. Rashi es un acrónimo de Rabino Shlomo Yitzjaki-Yarji.
2. *Kohelet Rabbah* sobre I-16.
3. Comentario sobre Salmos I-2, IX-17.

hacen ningún sonido *(hagah)* con su garganta» (Salmos CXV-7). También puede ser un sonido corto o un jadeo, como en «nuestros días terminan como un jadeo *(hegeh)*» (Isaías C-9).

Basándose en esto, el rabino David Kimji afirma que la raíz indica un sonido o pensamiento que se repite una y otra vez, como el arrullo de una paloma o el gruñido de un león. La palabra *Hagah* aparece varias veces con relación a la *Torah*, como en «este libro de la *Torah* no se apartará de tu boca y meditarás *(hagah)* en él día y noche» (Josué I-9). El salmista también dijo con respecto al justo: «la *Torah* de Dios es su deseo, y en su *Torah* medita *(Hagah)* día y noche» (Salmos I-2). Según Kimji, el significado aquí es que uno constantemente repite las enseñanzas de la *Torah*, hasta que se convierten en parte de su ser.[4]

Lo que inmediatamente se sugiere aquí es un sistema muy parecido a la meditación con mantra, en la que una palabra o frase se repite muchas veces, ya sea verbal o mentalmente. Esto no es demasiado descabellado, dado que, en el sistema de las *Hejalot*, uno de los textos místicos más antiguos, encontramos que un iniciado entra en el místico repitiendo 112 veces una determinada fórmula.[5]

En al menos un lugar, encontramos una relación entre el Nombre de Dios y la meditación *Hagah*. El salmista dice: «en tu nombre alzo mis manos… y medito *(hagah)* en las vigilias de la noche» (Salmos LXIII-5, 7). Así lo sugiere también la expresión talmúdica que condena a «quien pronuncia *(hagah)* el Nombre con sus letras».[6] Esto podría referirse a repetir impropiamente el Nombre Divino como mantra en la meditación.

Otro lugar donde se sugiere esto es en el versículo, «para hablar de tu amor por la mañana, y de tu fe por la noche; con un instrumento de diez cuerdas, con un laúd, con meditación *(higaion)* en el arpa» (Salmos XCII-3, 4). A primera vista, podría parecer que la meditación puede asociarse con un arpa. Pero si pensamos que *Higaion* denota la repetición de una fórmula parecida a un mantra,

---

4. *Shorashim, HaGaH.*

5. *Véase* Parte Dos, Nota 92.

6. *Sanhedrín* 10:1 (90a). *Véase* Parte Dos, Nota 83.

ésta también puede adoptar la forma de un conjunto de notas o una breve melodía repetida una y otra vez en un instrumento musical. Esto en sí mismo puede ser usado como un mantra para alcanzar el estado meditativo. Esto es aún más plausible si recordamos que la música desempeñó un papel clave en la consecución el estado profético.

Vemos otra prueba de ello en el hecho de que el Talmud habla de la «meditación (*higaion*) en el arpa», diciendo que la palabra «meditación» *(hagah)* se refiere aquí a la «recompensa de los justos en el Mundo Venidero».[7] Rashi explica que en este contexto *Hagah* significa «alegría» (*Simjah*), pero, en un sentido más preciso, también puede denotar el éxtasis de la experiencia mística. Esta intensa experiencia mística está claramente relacionada con la recompensa final de los justos. Como lo describe el Talmud, «los justos, sentados con diademas en sus cabezas, deleitándose en el resplandor de la Presencia Divina».[8]

Antes de llegar a tales conclusiones, sin embargo, sería útil estudiar la palabra *Hagah* etimológica y contextualmente. Observamos inmediatamente que precisamente la misma raíz, *Hagah*, se utiliza para expresar supresión y purificación. Un claro ejemplo de ello es: «quita *(hagah)* la escoria de la plata, aparta al malvado de delante del rey» (Proverbios XXV 4, 5). Otro ejemplo es «fue apartado *(hagah)* del camino» (2 Samuel XX-13).

El rabino Salomón Pappenheim, destacado etimólogo, afirma que la raíz *Hagah* (הגה) procede de una base de dos letras, *Hag* (הג), por lo tanto está estrechamente relacionada con otra palabra derivada de esta raíz, *Nahag* (נהג), que significa «guiar», «dirigir» o «timonear».[9] Luego afirma que el término *Hagah* tiene la connotación de muchos movimientos dirigidos hacia un objetivo concreto.

---

7. *Eruvin* 21a, *Avot de Rabí Natán* 25:1, comentando sobre Ezequiel I-10. Este versículo, sin embargo, habla particularmente del Mundo Venidero. Véase *Arajin* 13b.
8. *Berajoth* 17a.
9. *Ieriot Shlomo,* Volumen Uno, p. 99b.

Estos movimientos pueden ser físicos, pero también pueden implicar el pensamiento, el habla o el sonido. En un nivel más profundo, sin embargo, tiene el significado de una práctica meditativa que dirige los pensamientos hacia un objetivo.

Esto, junto con la connotación de purificación antes mencionada, implica que la raíz *Hagah* denotaría la mente, para dirigirla hacia un objetivo. Lo que resulta especialmente interesante es el hecho de que Platón compara esta disciplina de la mente con el gobierno de un barco.[10] La mente humana se parece mucho a un barco en el que los marineros se han amotinado y han encerrado al capitán y al oficial en el camarote. Cada marinero se cree libre de dirigir el barco a su antojo. Primero un marinero, y luego otro, toman el timón, mientras el barco sigue un rumbo aleatorio y errático.

Estos marineros no logran ponerse de acuerdo en un objetivo y, aunque pudieran, no saben cómo pilotar el barco para alcanzarlo. La tarea del individuo es sofocar este motín y liberar al navegante y al capitán. Sólo entonces será libre de elegir una meta y tomar un rumbo directo para alcanzarla.

La palabra bíblica *Hagah* también parece denotar una idea similar. Uno debe poner a un lado y eliminar todos los pensamientos amotinados y permitir que la nave de la mente sea dirigida en una dirección constante y consistente, hacia una meta bien definida. En este contexto, es significativo observar que la palabra hebrea *Hegeh* (הגה), que significa «timón» o «riendas», tiene exactamente la misma raíz que *Hagah*, que significa «meditación». La meditación *Hagah* pretende dotar a la mente de un gobernante o un timón, para que no vaya a la deriva y deje de vagar sin rumbo por el mar del pensamiento.

Otra raíz estrechamente relacionada es *Jag* (חג), que se refiere a todo lo que es cíclico o se repite. De esta base derivan palabras como *Jug* (חוג), que significa «círculo», *Jag* (חג), una fiesta periódica, y *Mejugah* (מחוגה), un compás. En este sentido, *Hagah* significa repetir algo una y otra vez, periódica y cíclicamente. como en la

____

10. Véase *República*, Libro Seis (488).

meditación con mantras. A través de esa repetición constante se logra la dirección de la mente.

El rabino Samson Raphael Hirsch también señala que *Hagah* está estrechamente relacionada con las raíces *Hayah* (היה), que significa «ser,» y *Jayah* (חיה) que significa «vivir».[11] Ambas palabras significan un estado de existencia simple y elemental. También relacionadas con palabras como *Hajah* (הכה) y *Hineh* (הנה), que significan «aquí» y denotan un lugar básico de existencia. Como todas estas palabras, *Hagah* está formada por una sola letra raíz en el centro, rodeada de una inicial y una final *Heh* (ה).

Esto indicaría que el término *Hagah* se refiere a un proceso que lleva a la mente a un estado en el que está desprovista de toda actividad. La mente alcanza así un nivel en el que está desprovista de todo lo que no sea existencia pura, simple y elemental. Lo que es particularmente significativo es el hecho de que la base de la raíz *Hagah* (הגה) consistiría entonces en la única letra *Guimel* (ג). En su análisis de la raíz *Namag* (נמג), Pappenheim señala que esta raíz sugiere la fusión y la negación de todo lo sólido. Afirma que la palabra *Nagan* (נגן), que significa «tocar música», también procede de esta raíz, ya que la música derrite el corazón y lo sumerge en las emociones.[12] En este contexto, la palabra *Hagah* también se referiría a la negación o «fusión» del ego. El individuo alcanza entonces un estado de puro ser, en el que es dirigido por una fuerza superior.

De todo esto se desprende que la palabra *Hagah* tiene la connotación principal de «Existencia Dirigida». El individuo aquieta su mente a un estado de pura existencia, mientras que al mismo tiempo la dirige hacia un único objetivo. Los métodos de *Hagah*-meditación implican la repetición de sonidos, palabras, frases o melodías, por lo que está estrechamente relacionada con las diversas formas de meditación con mantras.

Como ya se ha comentado en varias ocasiones, a menudo podemos encontrar similitudes entre las prácticas idólatras y ocultistas y

---

11. Comentario sobre Salmos IX-17; *Jeshurun* 8:118.
12. *Ieriot Shlomo*, Volumen Uno 77b, Volumen Dos 22b. Véase también *Torah Or* (Kehot, Nueva York, 1972) p. 37a.

las técnicas meditativas de los profetas, que los primeros intentaron emular.

Como veremos, una práctica ocultista muy extendida llamada el *Oab* está estrechamente relacionada con las prácticas meditativas idólatras. Por eso es muy significativo cuando encontramos una expresión como: «Buscan a los nigromantes *(Oab)* y a los médiums *(Yedoni)*, que gorjean *(tzaftzaf)* y meditan *(hagah)*» (Isaías VIII-19). Es muy probable aquí que la palabra «meditar» *(Hagah)* denote cantar un mantra. Las personas involucradas en estas prácticas intentaban emular la *Hagah*-meditación de los profetas, y en este versículo se burlaban del profeta Isaías.

Llegados a este punto, sería instructivo comparar los dos términos principales que hemos debatido hasta ahora, *Siyaj* y *Hagah*. Afortunadamente, hay dos versículos bíblicos en los que aparecen ambos términos y en los que se pueden comparar. Lo que es particularmente importante es el hecho de que, en estos dos versículos, la relación entre estos dos términos es precisamente la misma.

El primero de estos versículos es: «medito *(hagah)* en todas tus obras, y en tus planes medito *(siyaj)*» (Salmos LXXVII-13). El segundo es: «medito *(hagah)* en todas tus obras, y en las obras de tus manos medito *(siyaj)*» (SalmosCXLIII-5).

El primer paralelismo que vemos es que en ambos casos la meditación, *Hagah,* se refiere a «todas tus obras», mientras que la meditación *Siyaj*, se centra en ideas concretas. A primera vista, la relación de la meditación *Hagah* con «todas tus obras», puede parecer difícil de comprender, especialmente porque la hemos definido como una forma de meditación con mantras.

Sin embargo, si nos fijamos en las prácticas posteriores, especialmente las del período talmúdico que se analizan en las *Hejalot,* la razón de ello se hace evidente.

En muchos casos, las formas que adopta la meditación con mantras de la que se habla en este texto consisten en largos cánticos, que enumeran todos los atributos de Dios por orden alfabético. Uno de esos cánticos, en su paralelo más cercano en español, diría: «Rey Todopoderoso, Rey Bendito, Rey Compasivo, Rey Todopoderoso», y así sucesivamente a lo largo de todo el alfabeto.[13]

Por tanto, al menos una forma conocida de meditación *Hagah* abarca todas las obras de Dios. Sería muy interesante explorar la posibilidad de que las *Hejalot* hayan derivado esta práctica precisamente de estos versículos.

Por otra parte, la meditación *Siyaj* se centraba en un único conjunto de ideas. Como ya se ha dicho, Siyaj se refiere a la ascensión espiritual en la que se explora el reino trascendental, y uno difícilmente puede aspirar a explorarlo todo en esta esfera. Por lo tanto, *Siyaj* no puede incluir todas las obras de Dios. En su lugar, uno ha de decidir el área que desea explorar, y luego asciende a este concepto. Así, el salmista dice en realidad: «ascenderé en meditación *(siyaj)* sobre las obras de tus manos».

Otra cosa significativa que vemos en ambos versículos es que la meditación *Hagah* precede a la meditación *Siyaj*. Porque la meditación *Hagah* es una preparación para la meditación *Siyaj*. Éste es, de hecho, el caso, ya que el propósito de repetir un mantra es liberar la mente, para que luego pueda ascender y explorar los reinos trascendentales. Esto se ve claramente en los métodos descritos en las *Hejalot*, donde el iniciado entona primero un dispositivo similar a un mantra, y sólo entonces asciende a través de las cámaras celestiales.[14] Cuando uno conoce las prácticas reales, estos dos versículos adquieren un significado extraordinario.

Otra raíz estrechamente relacionada con *Hagah* (הגה) es *Gah* (גה) que denota «luminosidad». De esta raíz derivan palabras como *Gayah* (גיה), que significa «llama» o «luz», y *Gahah* (גהה) que significa «mirar».

El derivado más importante de esta raíz es la palabra *Nogah* (נגה), que se refiere a un «resplandor» o «brillo». Esta palabra es especialmente significativa, ya que suele referirse a un resplandor que brilla

---

13. *Hejalot Rabatai* 24:4. *HaAderet VeHeEmunah*, que se encuentra en el libro de oraciones, es un canto similar. Ibíd. 28:1.

14. *Hejalot Rabatai* 16, 17. El texto se cita en *Meditación y Cábala*, obra publicada en esta misma colección.

en la oscuridad, como el resplandor del amanecer o del crepúsculo. Éste puede ser un término derivado, cuyo significado principal es la luz espiritual que se experimenta durante la meditación, una luz del alba que brilla en la oscuridad del mundo terrenal, mundano. Así, el *Zohar* habla de los místicos como «transformadores de la oscuridad en luz».[15]

Lo que hace que la palabra *Nogah* sea singularmente importante es su presencia en la visión de Ezequiel: «miré y he aquí un viento tempestuoso, una gran nube, y fuego centelleante, y un Resplandor (*nogah*) estaba alrededor, y de ella era la apariencia del *Jashmal*, de entre el fuego» (Ezequiel I-4).

Como hemos visto el «viento tempestuoso, la gran nube y el fuego centelleante» se refieren a estados de confusión mental que preceden a la verdadera ascensión meditativa. Ello va seguido de la *Nogah* –la aurora meditativa–, en la que el profeta comienza a experimentar la Luz trascendental.

La relación entre la meditación *Hagah* y conceptos como la luz y el fuego se menciona explícitamente en la Biblia. Así, el salmista dice: «mi corazón ardía dentro de mí, en mi meditación (*hagig*), un fuego ardía» (Salmos XXXIX-4). La visualización de la luz y el fuego como resultado de la meditación en la *Hagah* de la visión de Ezequiel.

Otra cuestión importante que vemos en la visión de Ezequiel es la secuencia. Primero el profeta experimenta *Nogah*, la Luz meditativa, que resulta de la meditación *Hagah* que pone la mente en un estado de Ser Dirigido. Sólo después se experimenta el *Jashmal*, el Silencio Parlante, que es la puerta de entrada a los Universos trascendentales. Como se comentó en la sección anterior, el *Jashmal* está relacionado con la meditación *Siyaj*. Éste es otro caso en el que *Hagah* precede a *Siyaj*.

Otra palabra estrechamente relacionada con la raíz *Hagah* es *Gahar* (גהר). La palabra aparece en la Biblia sólo en relación con Elías y su discípulo Eliseo.

---

15. Zohar 1:4a.

El primer lugar donde se encuentra esta palabra es con respecto a Elías, cuando la Biblia afirma: «Elías subió a la cima del Carmelo, y él se inclinó (*gahar*) en la tierra, y puso su rostro entre sus rodillas»(1 Reyes XVIII-42). Ya hemos visto que tener que el rostro entre las rodillas era la posición profética utilizada para ciertos tipos de meditación en la época talmúdica y hasta el siglo XVI. El hecho de que el término *Gahar* se encuentre relacionado con esta postura de algún modo se asocia con las prácticas meditativas de los profetas. Según Rabbí Levi ben Gershon (Ralbag), el término *Gahar* se refiere en realidad a la posición profética.

El otro lugar donde aparece este término es en el relato de Eliseo, en la resurrección milagrosa del hijo de la sunamita. Allí el versículo dice: «subió y se echó sobre el niño, poniendo su boca sobre su boca, sus ojos sobre sus ojos, y sus manos sobre sus manos; y se inclinó (*gahar*) sobre él» (2 Reyes IV-34). También en este caso, puede referirse a una oración meditativa, muy parecida a la de Rabbí Janina hen Dosa, que también utilizaba la posición profética para rezar por los enfermos.[16] Más que un simple culto, se trataba de una oración meditativa intensiva destinada a infundir energía espiritual en el niño para revivirlo.

Esto parece corroborarlo el Targum, que traduce como *Alhey* (אלהי).[17] Proviene de la raíz *Lahah* (להה), una palabra bíblica que se encuentra en versículos como «Egipto fue confundido *(Lahah)*» (Génesis XLVIII-13). Según los principales comentarios, la palabra *Lahah* tiene la connotación de negación de los sentidos, el agotamiento de las fuerzas y el paso del ser al no ser [18]. De ahí que esté relacionada con la palabra *Lo* (לא), que significa «no» e indica negación total.

---

16. *Véase* Parte Dos, Sección 5.

17. En 1 Reyes XVIII-42, sin embargo, el Targum simplemente traduce *Gahar* como *Gachin,* que significa «inclinarse».

18. Véase Rashi, Ibn Ezra, Hirsch ad loc., *Sefer Shorashim,* «LaHaH,» Aruj, «Lah». Véase también *Ieriot Shlomo,* Volumen Uno, 106b. La palabra *Gahar* (גהר) puede ser una combinación de las raíces *Hagah* (הגה) y *Harhar* (הרהר), que significa «pensar» o «reflexionar».

Según el Targum, pues, el significado de la palabra *Gahar* sería indicar la negación del yo y la pérdida de la percepción consciente, como ocurre en los estados elevados de meditación. Era a través del poder espiritual que uno puede transmitir en este estado que Elías fue capaz de hacer llover en el Monte Carmelo, y Eliseo pudo resucitar al niño. Este método es debatido ampliamente por los maestros jasídicos.[19]

19. Véase *Meditación y Cábala,* obra publicada en esta misma colección.

Capítulo cuatro

Una explosión de emociones

Otra palabra importante que expresa un tipo de práctica o estado meditativo es la raíz *Ranan* (רנן), y su derivado *Rinah* (רנה). Inicialmente, uno ni siquiera pensaría en explorar esta palabra, ya que normalmente se traduce como «regocijarse», «cantar» o «gritar». Sin embargo, hay una pista importante, y es el hecho de que el Targum traduce sistemáticamente *Hagah* como *Ranan*. Así que, al menos en arameo, *Ranan* tiene la connotación de meditación. Dado que el hebreo y el arameo son lenguas muy cercanas, esto sugiere al menos un estudio de esta raíz en hebreo.

Pappenheim y Hirsch ofrecen un excelente análisis de esta palabra.[1] Ambos indican que se refiere a fuertes sentimientos de emoción, exultación y éxtasis, que pueden estallar en una expresión verbal. Es evidente, al menos en algunos casos al menos, que *Rinah* denota expresión verbal, como en el versículo: «la lengua de los mudos cantará *(ranan)*» (Isaías XXIV-14).

Sin embargo, dicha expresión suele ir acompañada de un estallido o explosión de emociones. Por esta razón, la palabra *Patzaj* (פצח) sólo se encuentra en conexión con el verbo *Rinah*, como en «romper *(patzaj)* en éxtasis *(rinah)*» (Isaías 54:1).[2] El verbo *Patzaj*, que suele traducirse como «estallar» emocionalmente, está estrechamente relacionado con las raíces *Patzaj* (פצח), que significa «abrirse», y *Patzatz* (פצץ) «estallar». El término *Rinah*, por lo tanto, habla de emociones que pueden explotar en expresión verbal o canto.

Estas emociones pueden ser de tristeza, como en «levántate, clama *(ranan)* en la noche» (Lamentaciones II-19), que habla del duelo por la destrucción de Jerusalén. El término también puede indicar sentimientos solemnes, a menudo acompañados de angus-

---

1. *Ieriot Shlomo,* Volumen Dos 22b, Hirsch sobre Salmos XXXIII-1.
2 Véase también Isaías XIV-7, XLII-9, XLIV-23, XLIX-13, LV-12, Salmos XCVIII-4.

tia y peligro, expresados en una oración, como en versículos del tipo: «oh Dios, atiende mi clamor *(rinah)*» (Salmos XVII-1). En otras ocasiones, puede significar la expresión de poderosas emociones de alegría, como en «canta en voz alta *(ranan)*, oh hija de Sión… alégrate y regocíjate con todo tu corazón» (Sofonías III-14).

La raíz *Ranan* ocasionalmente se relaciona con una visión de Dios, como en el verso «salió un fuego de delante de Dios… y cuando todo el pueblo lo vio, se emocionaron *(ranan)* y cayeron sobre sus rostros» (Levítico IX-24). Un ejemplo aún más claro es el versículo, «alégrense los justos en Dios» (Salmos XXXIII-1). El Midrash comenta que este versículo «no dice que los justos deban alegrarse *(ranan)* ante Dios, sino en Dios. Por lo tanto, se refiere a un éxtasis que resulta de ver una visión de Dios.[3]

La palabra *Ranan* se refiere a la forma de las emociones, una técnica meditativa donde uno se une a lo Divino con todas sus emociones. Se alcanza el estado místico contemplando la grandeza de Dios, acumulando éxtasis y emociones explosivas, hasta que el alma se libera para comunicarse con Dios. Es un camino descrito por Maimónides, cuando dice que el corazón del hombre se desborda de amor como resultado de su contemplación de Dios.[4] Esta connotación se expresa más claramente en el versículo: «mi alma anhela, se desmaya por los atrios de Dios; mi corazón y mi carne se emocionan *(ranan)* ante el Dios Vivo» (Salmos LXXXIV-3).

El destacado maestro jasídico, Rabino Schneur Zalman de Liadi (1745-1813), fundador de la escuela Jabad, interpreta con más claridad la palabra *Rinah*: «*Rinah* es la revelación del gran anhelo del alma, donde anhela y ansía unirse a Dios, e incluirse en la Luz Infinita (*Or Ein Sof*)».[5]

También vemos que el verbo *Ranan* se refiere a un estado de conciencia clara y despierta. El salmista declara: «Dios despertó como quien ha dormido, como un guerrero despejando sus

---

3. *Midrash Tehillim ad loc.*

4. *Iad, Iesodei Ha Torah* 2:2. *Véase* Fuentes.

5. *Or Torah, MiKetz* (37a). Cf. *Likutei Torah, BaHaAloteja* (30a), *VeEtJanan* (5a); *Siddur* (del Rabino Shneur Zalman de Liadi) pp. 48a, 51d, 278c.

sentidos (*mit-ranan*) del vino» (Salmos LXXVIII-65). El camino emocional implícito en la palabra *Ranan* tiene como objetivo un despertar y una expansión de la conciencia. En su estado normal, el hombre es como alguien cuyos sentidos han sido embotados por una fuerte bebida. A través del proceso de meditación-*Ranan*, sus sentidos se aclaran y, en un sentido espiritual, se despierta.

Existe un paralelismo altamente significativo entre la meditación-*Ranan* y la meditación-*Siyaj*. En un versículo encontramos la expresión: «Porque tú, oh Dios, me has alegrado con tus obras; me regocijaré *(ranan)* en la obra de tus manos» (Salmos XLII-5). Otro versículo discutido anteriormente, que involucra la meditación-*Siyaj*, dice: «Medito *(siyaj)* en la obra de tus manos» (Salmos CXLIII-5). Se ha demostrado que la meditación-*Siyaj* involucra la exploración real de los Universos espirituales, que son la «obra de las manos de Dios», y parecería que esto también es cierto para la meditación-*Ranan*. Por el camino de las emociones también se puede ascender a lo alto y percibir lo Divino.

Hay un lugar donde vemos una clara relación entre la meditación-*Hagah* y la meditación-*Ranan*. El salmista declara (Salmos LXIII-5 a 9):

Así te bendeciré en mi vida:
en tu nombre alzaré mis manos.
Como de meollo y de grosura será harta mi alma:
y con labios de alegría *(ranan)* te alabará mi boca,
Cuando me acordaré de ti en mi lecho,
cuando a las alboradas meditaré *(hagah)* de ti;
Porque has sido mi socorro:
y en la sombra de tus alas me regocijaré *(ranan)*.
Mi alma se apegó a ti:
tu diestra me ha sustentado.

Aquí vemos que la meditación-*Ranan* puede tanto preceder como seguir a la meditación-*Hagah*. Se comienza despertando las emociones con cánticos de alabanza, que es el proceso inicial de la meditación-*Ranan*. Cuando la persona está en un estado emocionalmente excitado, puede entonces participar en la meditación-*Hagah*, que ya se ha descrito anteriormente.

Después de esto, uno puede volver a involucrarse en la meditación-*Ranan*, pero a un nivel mucho más alto. En este estado, se eleva a sí mismo a través de las emociones, ascendiendo a lo alto en el reino espiritual. Es en este segundo contexto de *Ranan* que el salmista dice: «en la sombra de Tus alas, estoy extasiado *(ranan)*». A través de la meditación-*Ranan*, el camino de las emociones,se eleva a las alturas espirituales caracterizadas como «la sombra de las alas de Dios».

El resultado final de esto es el apego a Dios, descrito por el salmista cuando dice: «mi alma se une *(davek)* siguiéndote a ti». En todo el libro de los Salmos, ésta es la única referencia a *Devekut*, la unión espiritual de uno mismo con Dios. Tal *Devekut* («apego») es un aspecto importante de la iluminación, donde uno se une al Divino, y se comenta extensamente en los textos cabalísticos y jasídicos. Involucra la creación de un fuerte vínculo espiritual entre el hombre y Dios, y es a través de este vínculo como uno se vuelve digno de la iluminación.

Hay otro caso similar en el que encontramos el camino extático de las emociones expresado por *Ranan* como una introducción a la meditación-*Hagah*. Es donde el salmista canta (Salmos LXXI-22-24):

Asimismo, yo te alabaré con instrumento de salterio,
Dios mío; tu lealtad cantaré a ti con el arpa,
Santo de Israel.
Mis labios se alegrarán cuando cante para ti;
y mi alma, la cual redimiste.
Mi lengua hablará también de tu justicia todo el día;
por cuanto han sido avergonzados,
porque han sido confundidos los que mi mal procuraban.

Aquí, nuevamente, vemos que la meditación-*Ranan* precede a la meditación-*Hagah*. El camino de las emociones está estrechamente relacionado con la música, involucrando el laúd y el arpa, al igual que con los profetas. Vemos que la meditación-*Ranan* comienza en los labios, pero luego se extiende hasta el éxtasis del alma.

Además de todo esto, una de las cosas más importantes que se pueden aprender de este salmo es el hecho de que la meditación-*Ranan* es un medio poderoso para liberar fuerzas espirituales contra los enemigos de uno. Las mismas emociones que uno evoca hacia lo espiritual también pueden servir como un medio de protección contra aquellos que albergan emociones malignas hacia él.

Un claro ejemplo de esto se encuentra en el versículo: «Nos regocijamos *(ranan)* en tu salvación, con el nombre de Dios, levantamos nuestra bandera» (Salmos XX-6). Esto se refiere claramente al uso de la meditación-*Ranan* como un dispositivo protector, que posiblemente también involucra el nombre de Dios, como concluye el salmo: «Algunos confían en carros, otros en caballos, pero nosotros invocamos el nombre del Señor, nuestro Dios. Ellos se inclinan y caen, pero nosotros nos levantamos y permanecemos firmes» (Salmos XX-8,9).

Un concepto similar también se expresa en el salmo: «Que los santos se regocijen en la gloria, están extasiados *(ranan)* en sus camas. Alabanza sublime a Dios está en sus gargantas, una espada de doble filo en sus manos» (Salmos CXLIX-5,6). Aquí nuevamente, el éxtasis de la meditación-*Ranan* sirve tanto como protección como arma.[6]

Aunque la meditación-*Ranan* o *Rinah* está dirigida a crear un vínculo emocional con Dios, también tiene el efecto de hacer que las oraciones de uno para sus propias necesidades sean más efectivas. Esto es especialmente cierto cuando *Rinah* precede a tal oración, como dijo Salomón: «Para escuchar el éxtasis *(rinah)* y la oración» (1 Reyes VIII-28). El Midrash afirma que «*Rinah* es la alabanza a Dios, mientras que la oración *(tefilah)* se relaciona con las necesidades del hombre».[7] A partir de este mismo versículo, el Midrash también deriva la regla de que *Rinah* debe preceder a la oración formal. Incluso hoy en día esto se expresa en el servicio diario

---

6. Véase Salmos CXVIII-:15, Proverbios XI-10.

7. *Devarim Rabbah* 2:1.

de oración, donde la recitación de las Alabanzas Bíblicas *(Pesukey DeZimra)* precede a la oración formal, que es la *Amidá*.

Por el contexto del versículo, es obvio que *Rinah* hace que la oración sea más propensa a ser escuchada por Dios. Una razón para esto es que rompe las barreras espirituales que separan al hombre de lo espiritual, como lo explican los cabalistas.[8]

8. *Devarim Rabbah* 2:1.

Capítulo cinco

El éxtasis ciego

Otro término que la Biblia utiliza para referirse a un tipo de meditación y que tampoco es detectable a primera vista, es el término *Shasha* (שַׁעֲשַׁע). No habría ninguna pista de que este término se refiere a la meditación si no fuera por el hecho de que a menudo se encuentra cerca de otras palabras que denotan meditación, en particular *Siyaj*. Generalmente traducido como «deleite» o «juego», *Shasha* puede identificarse como una forma de meditación tanto por el contexto como sobre una base etimológica.

Según la mayoría de las autoridades, la palabra *Shasha*, una raíz poco usual de cuatro letras, se deriva de la raíz *Sha'a* (שָׁעָה) o *Shua* (שׁוּעַ), que significa «estar ciego».[1] Esta raíz se encuentra en versículos como: «haz pesado su corazón y ciega *(sha'a)* sus ojos» (Isaías VI-10). Una connotación de la palabra *Shasha* es ser ciego y ajeno a todas las preocupaciones externas, como en el versículo: «la angustia y el dolor me han alcanzado, pero tus mandamientos son mi deleite *(shasha)*» (Salmos CXIX-143).

Otra palabra a la que esto está muy relacionado es *Sha'ah* (שָׁעָה), que significa «prestar atención» o «dirigir la atención», como en el versículo: «pero no miró *(sha'ah)* Dios con agrado a Caín y a su ofrenda» (Génesis IV-5). Muy relacionado con esto está también la raíz *Yesha* (יְשַׁע), que significa «buscar ayuda», ya que la persona en problemas dirige toda su atención hacia su potencial salvador. Es de esta última raíz que se deriva la palabra *Yeshua* (יְשׁוּעָה), «salvación». Es significativo notar que ambas palabras sólo aparecen en un solo versículo: «Yo anhelo tu salvación *(yeshua)*, oh Dios, tu *Torah* es mi deleite *(shasha)*» (Salmos CXIX-174).

La palabra *Shasha* denota por lo tanto atención absorta, donde uno es ajeno a toda influencia externa. El único versículo que lleva

---

1. *Shaarei Orah* 1 (4a).

a muchos comentaristas a traducir *Shasha* como «juego» o «deleite» es: «el niño jugará *(Shasha)* en la guarida de la cobra» (Isaías XI-8). Sin embargo, el significado real de este versículo es «el niño estará absorto en la guarida de la cobra». Esto significa que el niño se sentará allí en atención absorta, ajeno a todo peligro, y aun así no será dañado de ninguna manera. Se utiliza aquí en un sentido prestado, tomado de su contexto original de meditación.

Otra raíz a la que esto está muy relacionado es *Shua* (שׁוּעַ), que significa «liso». Como lo discute el Rabino David Kimji, la palabra *Sha'ava* (שַׁעֲוָה), «cera», se deriva de esta raíz.[2] Esta palabra también está relacionada con *Shaveh* (שָׁוֶה), que significa «liso» y «parejo». Como ya se explicó en relación con *Suaj* (שׁוּחַ), este término, cuando se usa para describir un estado mental, describe un grado muy alto de serenidad y calma. Hirsch también dice esto en su comentario sobre el versículo: «cuando mis pensamientos eran muchos dentro de mí, tus consolaciones alegraban *(Shasha)* mi alma» (Salmos XCIV-19).

Uno de los objetivos de la meditación-*Shasha* es alcanzar una sensación de tranquilidad, de ser ajeno a todas las influencias externas. Como tal, es exactamente lo opuesto a la meditación-*Ranan*, donde uno lleva todas sus emociones a la batalla. La meditación-*Shasha*, por otro lado, se utiliza para divorciarse completamente de los problemas externos, estableciendo una barrera de protección espiritual. Esto es obvio a partir de varios versículos citados anteriormente, así como de: «si no hubiera sido por tu *Torah,* que es mi deleite *(Shasha)*, habría perecido en mi aflicción» (Salmos CXIX-:92).

Un detalle que vemos de inmediato es que el objeto de la meditación-*Shasha* casi siempre se expresa en términos de la *Torah* o los mandamientos de Dios. Mientras que otros tipos de meditación también pueden centrarse en otros conceptos, *Shasha* se relaciona consistentemente con la palabra revelada de Dios. Esto puede entenderse fácilmente en términos de la doctrina, ampliamente ex-

---

2. *Sefer Shorashim*, «ShUA». Véase *HaKatav VeHaKabbalah* sobre Génesis IV-5, Radak, Hirsch sobre Salmos XCIV-19, Rashi sobre Salmos CXIX-16. Véase Rashi, Radak, sobre Isaías XXIX-9.

presada en fuentes cabalísticas, de que la *Torah* y sus mandamientos constituyen el mayor de todos los misterios, emanando de la misma Voluntad y Sabiduría de Dios.[3] El término *Shasha* entonces denota una meditación serena y absorta en estos conceptos más elevados.

Otra cosa que encontramos es que *Shasha* está estrechamente asociado con el amor de Dios. La expresión más clara de esto aparece en el versículo: «venga a mí tu amor y viviré, porque tu *Torah* es mi deleite *(Shasha)*» (Salmos CXIX-77). Otro ejemplo es: «me deleito *(Shasha)* en tus mandamientos, que amo» (CXIX-47). El término *Shasha* está, por lo tanto, estrechamente relacionado con el amor absoluto de Dios y sus enseñanzas, y se ve como un producto de esta intensa pasión.

La forma simple de esta palabra *Shah* (שָׁעָה), se usa a menudo con respecto a una visión de Dios. En un sentido negativo, encontramos esto en el versículo: «no miran *(shah)* al Santo de Israel, no buscan a Dios» (Isaías XXXI-1). A partir de esto, parece inmediatamente que la palabra *Shah* implica un tipo de búsqueda mística de Dios. Esto se evidencia aún más en el versículo: «en aquel día, el hombre mirará *(shah)* a su Hacedor, y sus ojos verán al Santo de Israel» (Isaías XVII-7). A partir de versículos como estos, es evidente que *Shah*, y su derivado *Shasha*, involucran una visión directa de lo Divino.

Hay dos lugares donde encontramos *Shasha* y *Siyaj* en conjunto. El primero es: «en tus misterios *(pekudim)* medito *(siyaj)*, y contemplaré tus caminos. En tus decretos me deleito *(Shasha)*, no olvidaré tu palabra… Desvela mis ojos para que pueda ver las maravillas de tu *Torah*» (Salmos CXIX-15-18). En este versículo también vemos claramente que el objeto de la meditación *Shasha* es llevar a uno a contemplar los misterios implícitos en la *Torah* y sus mandamientos.

El segundo lugar es el versículo: «tu siervo medita *(siyaj)* en tus decretos; también tus testimonios son mi deleite *(Shasha)*, los hombres de mi consejo» (Salmos CXIX-23, 24). Aquí nuevamente

---

3. Véase Zohar 2:85b, 2:118a, 2:162b, 2:165a, *Tikunei Zohar* 70 (131a), *Nefesh HaJaim* 1:6, *Likutei Amarim* (Tania) 1:4.

vemos las dos palabras en conjunto, y nuevamente *Siyaj* precede a *Shasha*. También notamos que en la meditación *Shasha*, los «testimonios» que se refieren a mandamientos con una lección especial, se personifican y se convierten en «los hombres de mi consejo». Cuando un individuo está en este nivel, no ve los mandamientos como leyes abstractas, sino como fuerzas personales que pueden enseñar y aconsejar.

Una cosa importante que vemos en ambos pasajes es que la meditación *Shasha* sigue a *Siyaj* y, por lo tanto, es muy probable que involucre un estado más avanzado que conduzca a niveles superiores. Cuando uno está en el nivel de *Siyaj*, está flotando y ascendiendo. El nivel de *Shasha*, por otro lado, se relaciona con haber alcanzado el objetivo y estar completamente absorto en él. Es la serenidad total que uno experimenta cuando alcanza los niveles espirituales más altos y es capaz de meditar en el nivel mismo.

En varios lugares, los gramáticos señalan que la forma duplicada, de la cual *Shasha* (שַׁעֲשֵׁעַ) es un ejemplo, indica la idea de algo que se repite rápidamente. Otros ejemplos son *Tzaftzef* (צַפְצֵף), «gorjear», *Tzaltzel* (צַלְצֵל), «tintinear», y *Afef* (אָפַף), «revolotear», esta última palabra proviene de la raíz *Auf* (עוּף), que significa «volar».[4]

La palabra *Shasha* entonces denotaría una oscilación constante de la concentración, un encendido y apagado continuo de la atención de uno.

Shasha representa los niveles más altos de meditación, y es significativo observar que los cabalistas hablan de un concepto similar en los niveles más elevados de meditación. En su visión, Ezequiel dice: «las *Jaiot* corrían y regresaban, como una visión de un relámpago» (Ezequiel I-14). Los cabalistas señalan que esto no se refiere a las *Jaiot* en sí mismas, sino a la visión de Ezequiel. Estaba en un nivel tan alto que no podía mantener una mirada constante. Tenía que «correr y regresar». Miraba a las *Jaiot,* viéndolas como un «relámpago», y luego inmediatamente regresaba, para no ser consumido por su visión.

---

4. Véase *Gramática Hebrea* de Gesenius (Bagster, Londres) 55:4 (p. 93).

Esto se expresa mejor en el *Sefer Yetzirah* (Libro de la Creación), uno de los textos más antiguos y misteriosos de la Cábala. Dice:[5]

Diez Sefirot de la Nada,
su mirada es como «una visión de un relámpago»,
su fin no tiene límite,
y cuentan que iban «corriendo y regresando».

Los comentarios explican que cuando uno contempla las Sefirot, sólo puede hacerlo por un instante, viéndolas como un «relámpago». Quien alcanza este nivel no puede permanecer allí más de un instante. Debe correr hacia adelante y regresar inmediatamente, lanzando una fugaz mirada a los niveles infinitos más altos. Un místico posterior, el maestro jasídico, el rabino Najman de Breslov (1772-1810), habla de esto con respecto al Ser Infinito *(Ein Sof)*. Dice que ésta es una luz tan elevada que uno sólo puede alcanzarla «tocando y no tocando», revoloteando de un lado a otro para no perecer en ella.[6]

Éste también parece ser el significado de *Shasha*. Es una atención absorta, donde uno es ajeno a todas las influencias externas, contemplando los niveles espirituales más altos. Pero también implica un concepto de «correr y regresar», mirar y luego apartar la mirada, ya que un ser humano mortal no puede mantener constantemente su concentración en estos niveles sin perecer.

---

5. *Sefer Yetzirah* 1:6. Véase *Midrash Lekaj Tov* sobre Génesis I-1 (Vilna, 1884) p. 1b.
6. *Likutei Moharan* 24.

Capítulo seis

La contemplación

La última palabra que exploraremos en profundidad también es una de las más obvias. La palabra *Hitbonenut*, que significa «contemplación», se utiliza en la literatura posterior para denotar esta idea, y en la Biblia se usa en el mismo sentido.

Esta palabra, *Hitbonenut* (הִתְבּוֹנְנוּת), es el reflexivo de la raíz *Bin* (בִּין), que significa «entender». De esta raíz también se deriva la palabra *Binah* (בִּינָה), que significa «entendimiento». *Hitbonenut* literalmente significa «hacerse entender a uno mismo», es decir, contemplar algo tan profunda y completamente que uno logra entenderlo en todos sus aspectos.

La connotación de la contemplación *Hitbonenut* es mirar y observar algo fijamente, ya sea visual o mentalmente, hasta entenderlo a fondo. Lo vemos en el sentido de visualización en versículos como, «he hecho un pacto con mis ojos, ¿iba, pues, a contemplar *(hitbonen)* a una doncella?» (Job XXXI-1). También se refiere a reflexionar sobre una declaración, como cuando Job dijo, «he considerado sus palabras» (Job XXXII-12), indicando que había reflexionado sobre lo que habían dicho.

Esta palabra también se utiliza con respecto a Dios, y en este sentido, a menudo es una preparación para el estado místico. Así encontramos versículos como: «contempla *(hitbonen)* las maravillas de Dios» (Job XXXVII-14), y, «contempla el amor de Dios» (Salmos CVII-43).

Más importantes aún, desde nuestro punto de vista, son los versículos (Salmos CXIX-95, 96):

Los malvados esperaban destruirme,
contemplé Tus testimonios;
he visto un propósito en cada fin,
tu mandamiento es muy amplio.

Aquí el salmista está diciendo que al contemplar los testimonios-mandamientos, es capaz de percibir su amplitud y su verdadero significado.

En general, la palabra *Binah* (בִּינָה) está muy relacionada con la palabra *Beyn* (בֵּין), que significa «entre». El entendimiento *(Binah)* es entonces el acto de separar algo en la mente de uno, examinándolo por sí mismo. El reflexivo, *Hitbonen*, por lo tanto, significa hacer que uno separe algo en su mente. Lo observa como separado de todas las demás cosas en el mundo, haciendo llenar completamente su mente.

Binah también está relacionada con la raíz *Banah* (בָּנָה), que significa «construir», siendo esta también la raíz de *Even* (אֶבֶן), una piedra, y *Levenah* (לְבֵנָה), un ladrillo. A través del entendimiento, uno es capaz de construir sobre un concepto, haciendo uso de su razonamiento deductivo para derivar un concepto de otro, hasta que crea una estructura completa. El Talmud, por lo tanto, dice que «el entendimiento se refiere a entender una cosa a partir de otra».[1] El término *Hitbonen* se utiliza en el sentido de contemplación, ya que cuando uno hace esto, construye sobre el objeto de su contemplación, usándolo como un trampolín hacia estados más elevados de conciencia.

❖ FUENTES

¿Cuál es la manera de amar y temer a Dios? Cuando una persona contempla *(hitbonen)* sus grandes y maravillosas obras y creaciones, viendo a través de ellas su infinita e ilimitada sabiduría, inmediatamente ama, se regocija y se siente extasiado con una pasión por conocer el gran Nombre. Esto es lo que el rey David quiso decir cuando dijo: «mi alma tiene sed de Dios, del Dios viviente» (Salmos XLII-3). Cuando uno piensa en estas cosas, inmediatamente se siente sobrecogido y avergonzado. Se da cuenta de que no es más que una criatura infinitesimal, humilde e ignorante, de pie con su

---

1. *Jaguigá* 14a, *Sanhedrín* 93b, Rashi sobre Éxodo XXXI-3, R. Yonah, Bertenoro, sobre *Avot* 3:17.

diminuta y deficiente mente ante la mente perfecta. David dijo así: «cuando veo tus cielos, la obra de tus dedos... ¿qué es el hombre para que lo consideres?» (Salmos VIII-4, 5).

Moisés Maimónides[2]

* * *

¿Qué es un amor apropiado? Esto significa que uno debe amar a Dios con una tremenda y poderosa pasión, de modo que su alma esté unida a este amor de Dios. Está constantemente absorto en ello, como alguien que está enfermo de amor, cuya mente no puede ser distraída de su amado. Está constantemente inmerso en tal amor, ya sea que esté sentado o de pie, comiendo o bebiendo.

Aquellos que verdaderamente aman a Dios deben estar continuamente inmersos en esta pasión aún más que esto. Dios nos ordenó así: «[Amarás al Señor tu Dios] con todo tu corazón, con toda tu alma, [y con todas tus fuerzas]» (Deuteronomio VI-5). [En su gran canción de amor a Dios, el rey Salomón también dijo: «estoy enfermo de amor» (Cantar de los Cantares II-5). Todo el libro del Cantar de los Cantares es una alegoría de este amor.

Moisés Maimónides[3]

* * *

La contemplación *(Hitbonenut)* implica una intensa concentración en la profundidad de un tema, donde uno lo capta con mucha fuerza hasta entenderlo completamente, con todas sus partes y detalles. Éste es el sentido más íntimo del Entendimiento *(Binah)*...

Una persona puede mirar algo, pero no concentrarse en ello en absoluto. No observa su calidad, naturaleza y detalles, ya sean internos o externos, excepto de manera superficial. Debido a esto, ciertamente lo olvidará con el tiempo, y (aun inmediatamente) sólo

---

2. Iad, *Iesodei Ha Torah* 2:2.
3. Iad, *Tshuvah* 10:3.

podrá describirlo en los términos más generales. La razón de esto es que sólo lo vio de un vistazo, y no de una manera que dejara una impresión fuerte.

Lo mismo ocurre con el ojo del intelecto. Puede pasar por alto un tema o idea, meramente echando un vistazo, pero sin detenerse o dudar en profundizar completamente en ello. La profundidad de este concepto no se capta en absoluto…

La profundidad de un tema, así como sus implicaciones en relación con conceptos más elevados, se derivan de las profundidades de su punto esencial. El punto esencial del que nacen se llama Sabiduría.

Está escrito que «un río emergió de Edén» (Génesis II-10). El Entendimiento *(Binah)* se llama un río, mientras que la Sabiduría *(Jojmah)* es una fuente, como han enseñado los Maestros. [La palabra hebrea para «fuente», *Ein* (עין), también es la palabra para «ojo».] Este [Ojo] se detiene en un tema y se concentra en él profundamente, deteniéndose y no apresurándose. Esto es necesario si uno quiere alcanzar la profundidad esencial de un concepto, en su sentido más íntimo.

Esto es como mirar algo con el ojo. Uno no sólo echa un vistazo al objeto, sino que hace uso de sus poderes de percepción para que deje una impresión duradera. Pasamos mucho tiempo mirándolo, hasta que lo conocemos bien, en sus detalles más pequeños y esencia más intrínseca. Esto es lo que se llama contemplación *(hitbonenut)*.

La contemplación, por lo tanto, incluye dos elementos. Uno es contemplar una cosa, concentrándose en ella durante mucho tiempo. Rashi explica que la contemplación significa captar la esencia de un tema y entenderlo completamente.[4] Tal concentración sólo se refiere a la profundidad del Entendimiento derivado del propio Entendimiento…

Más alto que esto está el concepto de «Sondeo», a través del cual uno puede alcanzar incluso más alto que la Sabiduría.

---

4. Cf. Rashi sobre 1 Reyes III-21, XLIII-18.

La Sabiduría es el concepto de la Nada en una idea. Éste es el estado en el que existe antes de llegar al nivel… donde puede ser comprendido por el Entendimiento. En este sentido, es muy parecido a la fuente o manantial que es la fuente de un río. Más allá de esto, hay una idea de sondear la profundidad de una idea. La raíz de esto se extiende hasta la fuente de donde emana la fuente o manantial. Esta Fuente se llama la «Profundidad de la Sabiduría», o la «Naturaleza Oculta de la Sabiduría».[5]

Rabbí Dov Baer de Lubavitch,
El «Rebe del Medio» (1774-1827)
Maestro jasídico[6]

---

5. Job XI-6.
6. *Kuntres HaHitbonenut.*

Capítulo siete

Los salmos

Al examinar estos términos relacionados con la meditación y la contemplación, se hace evidente de inmediato que muchos de ellos se encuentran en los salmos, a menudo en un sentido que sugiere fuertemente estados superiores de conciencia. Esto es particularmente cierto en el Salmo CXIX, del cual ya hemos citado varios pasajes que sugieren estados meditativos. Esto sugiere que, en tiempos bíblicos, los salmos desempeñaban un papel importante en las disciplinas meditativas.

Por lo tanto, sería interesante realizar un análisis etimológico del nombre hebreo de los salmos, que es *Tehillim* (תְּהִלִּים). Éste proviene de la raíz *Halal* (הָלַל), que normalmente se traduce como «alabar». Por lo tanto, los salmos a menudo se ven simplemente como una serie de alabanzas a Dios.

Sin embargo, la raíz *Halal* tiene otros dos significados que son muy reveladores desde nuestro punto de vista. El primero es el de brillo y resplandor, como en los versículos, «He aquí, la Luna no brilla (*halal*)» (Job XXV-5) y «Cuando la lámpara de Dios brillaba (*halal*) sobre mi cabeza» (Job XXIX-3). La segunda connotación es la de locura, como en el sustantivo *Holelut* (הוֹלֵלוּת), que se refiere al estado de demencia en muchos lugares de la Biblia.[1]

Esto indicaría que la palabra *Halal* denota un estado en el que uno deja su estado normal de conciencia y, al mismo tiempo, percibe la Luz espiritual. Se distingue de los muchos otros términos hebreos para alabar, ya que *Halal* es una alabanza destinada a alcanzar la iluminación a través de un estado de olvido.

La relación entre la iluminación y la locura no debería ser demasiado difícil de entender, ya que la Biblia relaciona explícitamente la locura con la profecía. En cierto lugar, un profeta es llamado loco,

---

1. Eclesiastés X-13, I-:17, II-12, VII-25, IX-3. Cf. Isaías XLIV-25.

y el comentarista principal, Rabí Isaac Abarbanel, comenta: «lo llamaron loco, ya que como resultado de su meditación *(hitbodedut)*, parecía demente, sin prestar atención a los asuntos mundanos».[2]

En otro lugar encontramos un paralelismo aún más explícito. Dios dice: «todo hombre que esté loco, que profetice, será puesto en el cepo» (Jeremías XXIX-26). Aquí nuevamente, los comentarios, en particular el Rabino David Kimji, afirman que muchas personas consideraban a los profetas como locos, debido a sus acciones inusuales. No era raro, entonces, usar el término «profeta» como sinónimo de loco.

La palabra *Halal* está, por lo tanto, relacionada con las raíces *Lahah* (לַהַה) y *Lo* (לוֹא), que, como ya se comentó, denotan estados de negación. También está relacionada con la raíz *Jalal* (חָלַל), que significa «vacío», especialmente en un sentido espiritual. Tal nivel de «vacío» está estrechamente relacionado con la profecía, siendo este el nivel del rey David, quien dijo de sí mismo: «mi corazón está vacío *(jalal)* dentro de mí» (Salmos CIX-22).

Todo esto indica que *Halal* denota la negación de los sentidos y el ego en la búsqueda de la iluminación. Los salmos, por lo tanto, se llamaron *Tehillim* porque estaban especialmente diseñados para ayudar a uno a alcanzar este estado exaltado.

Este análisis filológico podría no ser concluyente si no estuviera respaldado por una sólida tradición. En la tradición talmúdica, hay una clara indicación de que los salmos se usaban para alcanzar el estado de iluminación llamado *Ruaj HaKodesh* (Espíritu Santo).

Si uno observa muchos salmos, verá que comienzan con la frase «un salmo de David» *(Mizmor LeDavid)* o «De David, un salmo» *(LeDavid Mizmor)*. El Talmud afirma que cuando un salmo comienza con la frase «De David, un salmo», esto indica que él recitó el salmo después de haber alcanzado el *Ruaj HaKodesh*. Pero cuando el salmo comienza con «Un salmo de David», significa que David realmente utilizó el salmo para alcanzar su estado de ilumi-

---

2. Comentario sobre 2 Reyes IX-11.

nación.[3] Así, al menos dieciocho de los salmos fueron específicamente compuestos como un medio para alcanzar estados superiores de conciencia.

Hay otra declaración intrigante sobre los salmos que van desde el 90 al 100 en un Midrash. El Salmo 90 es «una oración de Moisés» y, según la tradición, todos los once salmos que van del 90 al 100 también fueron escritos por Moisés. El Midrash señala que «Moisés dijo estos once salmos en la técnica de la profecía».[4] Aunque la interpretación no es concluyente, el Midrash puede estar enseñando que estos once salmos estaban destinados a ser usados como un medio para alcanzar la profecía.

El Midrash continúa diciendo: «¿Por qué estos salmos no fueron escritos en la *Torah* [ya que fueron escritos por Moisés]? Porque uno trata de la Ley, y el otro de la Profecía». La *Torah* debe tratar principalmente de la Ley, mientras que las cosas relacionadas con la profecía y el misticismo tienen su lugar adecuado en el Libro de los Salmos.

Al examinar de cerca, encontramos que hay alguna evidencia adicional para respaldar esto. El Talmud afirma que el Salmo 91, uno de estos once, se llama «El Salmo de los Golpeados».[5] El Midrash afirma que cuando Moisés ascendió al reino espiritual en el Monte Sinaí, recitó este salmo para protegerse de las fuerzas del mal.[6] Jai Gaon (939-1038), uno de los primeros maestros de las artes místicas, escribe que estos «golpeados» incluyen a personas como Ben Zomah, quien fue golpeado con la locura cuando intentó penetrar los misterios del *Merkavah* (Carroza divina). Este salmo estaba destinado a proteger al místico ascendente contra tal desventura.[7]

---

3. *Pesajim* 117a, *Midrash Tehillim* 24. Los Salmos que comienzan con *Mizmor LeDavid*, y que por lo tanto se usaron para alcanzar inspiración fueron: Salmos III, IV, VI, VI, VIII, IX, XII, XV, XXII, XXIII, XXIX, XXXVIII. XXXIX, LXII, LXIII, LXV, CXLI, CXLIII. Véase Zohar 1:39b, 1:67a, 1:71a, 1:87a, 1:123b, 2:140a, 2:170a, 3:123b.

4. *Midrash Tehillim* 90:4. Véase *Pesikta* 31 (198a).

5. *Shabat* 15b, Maharsha *ad loc.*, *Yerushalmi, Shabat* 6:2, *Eruvin* 10:11.

6. *Bamidbar Rabbah* 12:3, *Tanjuma, Nasa* 27, *Midrash Tehillim* 91:1.

7. Jai Gaon, citado en Parte Dos, Nota 72. Véase *Shaarei Orah* 1 (3b).

Otro salmo, que, según el *Zohar*, se usaba especialmente para evocar el espíritu profético, es el séptimo salmo.[8] Este salmo se llama *Shiggaion* y, según al menos un Midrash, este nombre está relacionado específicamente con la búsqueda del espíritu de iluminación y profecía.[9] Esto también explicaría el significado de la misteriosa palabra *Shiggaion* (שִׁגָּיוֹן), que causa mucho problema a los comentaristas. Según esta interpretación, su base sería la letra única *Guimel* (ג), y estaría relacionada con *Nagan* (נָגַן), «tocar música», y *Hagah* (הָגָה), discutido anteriormente. Sería entonces un salmo utilizado específicamente para la meditación-*Hagah*.

El hecho de que el contexto de este salmo trate de los enemigos del cantor en lugar de conceptos espirituales más elevados, no contradice esto. Estos enemigos en realidad se refieren a las *Klipot* y fuerzas del mal que forman una barrera, poniendo en peligro a quien desee escalar las alturas espirituales. El primer paso para ascender a los niveles espirituales más elevados, por lo tanto, implica pasar por el dominio del mal, lo que se indica por el «viento tormentoso, la nube densa y el fuego ardiente» en la visión de Ezequiel. El propósito principal del *Shiggaion*, como la meditación-*Hagah*, es despejar la mente de lo mundano y superar a estos «enemigos». Un importante místico y cabalista, Rabbí Joseph Gikatilla (1248-1305), escribe explícitamente que éste era el propósito de todos los salmos.[10]

De todos los salmos, sin embargo, el más interesante es el Salmo CXIX. Incluso en su estructura, este salmo es diferente de cualquier otro pasaje en la Biblia. Está en la forma de un poema o canto alfabético, con ocho versículos para cada letra del alfabeto hebreo. Hay una cosa más que también nos llama fuertemente la atención en este salmo, y es el hecho de que todas las palabras que hemos determinado que se refieren a la meditación y a los estados meditativos aparecen en este salmo en un número desproporcionadamente alto.

---

8. Zohar 2:45a.

9. *Midrash Tehillim* 7:3. Cf. Habacuc III-1, Salmos IX-17. Algunos interpretan *Shiggayon* como éxtasis, véase R. Yonah ibn Ganaj, *Shorashim* «ShaGaH».

10. *Shaarei Orah* 1 (3b).

Una característica significativa de este salmo es el hecho de que cada letra se repite ocho veces. Esto se vuelve muy importante cuando uno se da cuenta del significado del número ocho. Aunque esto se explica en varios lugares, el análisis más claro ha sido realizado por el eminente cabalista y místico, Rabino Iehudah Low (1525-1609), el «Maharal» de Praga, famoso como el creador del *Golem*.

Según el Maharal, el número siete se refiere a los siete días de la creación y, por lo tanto, este número siempre denota la perfección del mundo físico. El número ocho es el siguiente paso y, por lo tanto, ocho denota un paso por encima de lo físico. Siempre que encontramos el número ocho, es el siguiente paso, y por lo tanto el ocho denota un paso por encima de lo físico. Siempre que se utiliza el número ocho, se refiere a algo que nos lleva al reino espiritual.[11] En otro lugar, el Maharal afirma que éste es precisamente el significado de la repetición óctuple en el Salmo CXIX.[12]

El Maharal habla del número ocho en relación con la circuncisión, que siempre se realiza cuando el niño tiene ocho días. El sexo implica algunas de las emociones más profundas del ser humano. Al dar a Abraham un pacto relacionado con el órgano sexual, prescribiéndolo para el octavo día, Dios indicó que estas emociones y deseos se utilizarían en adelante para la búsqueda mística de lo Divino en un nivel trascendental. Muy estrechamente relacionado con este concepto está el hecho de que el Sumo Sacerdote *(Cohen Gadol)* usaba ocho vestiduras mientras servía en el Templo. Es significativo notar que antes de dar a Abraham el mandamiento de la circuncisión, Dios le dijo: «camina delante de mí y sé completo *(tamim)*» (Génesis XVII-1). Ésta es también la palabra clave en el primer versículo de este Salmo CXIX: «Felices los que están completos *(tamim)* en el camino». La palabra *Tamim* (תמים) denota plenitud espiritual, donde uno puede alcanzar el octavo nivel, por encima de lo mundano. Así, tras prohibir diversas prácticas ocultas favorecidas por los paganos cananeos, Dios dijo: «serás completo *(tamim)* con el Señor tu Dios» (Deuteronomio XVIII-13). Como

---

11. *Tiferet Israel* 2.
12. *Ner Mitzvah* (Bnei Brak, 1972) p. 21.

explica el renombrado exégeta Rabbí Isaac Abarbanel, la palabra *Tamim* tiene la connotación de verdadera iluminación y profecía, a diferencia de los estados místicos espurios.[13]

Según algunos cabalistas, la palabra *Tamim* está estrechamente relacionada con la palabra *Teomim* (תאומים), que significa «gemelos».[14] Cuando una persona está completa –*Tamim*– entonces es como un «gemelo» al Hombre Superior, el «Hombre» que Ezequiel vio sentado en el Trono. Un individuo que alcanza tal nivel es entonces digno de comunicarse con las Fuerzas Superiores.

Esto también explica el significado del *Urim* y *Tumim*. Estos consistían en doce piedras, colocadas en el pectoral *(Joshen)* del Sumo Sacerdote, e inscritas con los nombres de las tribus de Israel.[15] Esta coraza era una de las ocho vestiduras que llevaba el Sumo Sacerdote en el Templo. Según algunos, el *Urim* y *Thumim* también consistía en un pergamino que contenía el Nombre de 72 letras que se colocaba en el pectoral.[16] Según los cabalistas, los nombres de las tribus y otras palabras inscritas en las doce piedras también contenían exactamente 72 letras.[17] Esto es significativo, ya que, como las 72 letras, juega un papel importante en la consecución del estado profético. Ya hemos hablado de cómo la palabra para el pectoral, *Joshen*, tiene la connotación de una experiencia y una revelación místicas. También es significativo señalar que el *Urim* y el *Thumim* sólo podían ser usados por el Sumo Sacerdote cuando llevaba puestas las Ocho Vestiduras.[18] Al usar el *Urim* y el *Thumim*, el Sacerdote alcanzaría el octavo nivel, trascendiendo la mera perfección física y entrando en el dominio espiritual.

---

13. Comentario sobre Éxodo XXVII-30. Cf. Bajya *ibíd.*

14. *Shaarei Orah* 5 (41a). Véase *Shir HaShirim Rabbah* sobre V-2.

15. Éxodo XXVIII-30. Véase comentarios *ad loc.*

16. Zohar 2:234b. Cf. *Targum Yonatán*, Rashi, Bajya, Recanati, sobre Éxodo XXVIII-30, *Ritva, Yoma* 73b.

17. Bajya, Jazkuni, Baal HaTurim sobre Éxodo XXVIII-21; Abraham Abulafia, *Mafteaj HaJojmot* (Jewish Theological Seminary, Ms. 1686) p. 104b. Los nombres de las doce tribus contenían cincuenta letras. Una adición de 22 letras, que también completaban todas las letras del alfabeto, se obtuvo al agregar las palabras, «Abraham, Isaac, Jacob, Shivtey Yeshurun». Véase *Yoma* 73b. Cada piedra contenía seis letras.

18. Rashi, *Yoma* 71b «BaElu».

Según el Talmud, el *Urim* y el *Thumim* fueron objeto de contemplación mística. El Sumo Sacerdote contemplaba las piedras del *Urim* y del *Thumim*, meditando hasta alcanzar el estado iluminado del *Ruaj HaKodesh*. Entonces veía que las letras en las piedras se iluminaban, deletreando el mensaje preciso.[19]

Esto explica el significado de los términos *Urim* y *Thumim*. La palabra *Urim* (אורים), claramente viene de la palabra Or (אור) que significa «luz». Esto indica que las letras realmente iluminan.[20] La palabra *Thumim* (תומים) se deriva de la palabra *Tamim*, de la que ya hablamos.[21] Esto indica que el *Thumim* llevaría al Sumo Sacerdote al nivel de *Tamim*, la plenitud y perfección implicadas por *Ruaj HaKodesh*. Así, cuando el Salmo CXIX habla de los «completos en el camino» *(Tamim Derej)*, está hablando de aquellos que buscan la iluminación y la experiencia trascendental. Uno tiene la impresión definitiva de que en realidad fue un salmo cantado por personas que buscaban la iluminación, tal vez incluso los discípulos de los profetas en su búsqueda de la experiencia profética. Como tal, podría haber sido como un largo mantra, cantado en un orden prescrito hasta llevar al individuo a un elevado estado meditativo.

En este contexto, es significativo observar que el Baal Shem Tov (1698-1760), fundador del movimiento jasídico, utilizó este salmo. Su Maestro espiritual le enseñó que, si recitaba el Salmo CXIX todos los días, sería capaz de estar hablando con la gente, manteniendo al mismo tiempo un estado trascendental de apego a lo Divino.[22] Así, incluso entre los místicos posteriores, este salmo desempeñó un papel importante.

Una vez comprendido el significado de los términos relativos a la meditación y el estado meditativo, podemos traducir con precisión este salmo. De inmediato se hace evidente que muchos pasajes son altamente sugestivos de la experiencia mística. El salmo habla de la persona que recorre el camino de la iluminación, buscando es-

---

19. *Yoma* 73b, *Iad, Kley HaMikdash* 10:11.

20. *Yoma* 73b.

21 *Véase* Nota 81.

22. *Shivechei HaBaal Shem Tov* (Jerusalén, 1969) p. 98.

tados superiores de conciencia, mientras que al mismo tiempo que pide ser liberado del error y de otros peligros a los que se enfrentan los que ascienden a estas alturas espirituales.

LOS *URIM* Y *THUMIM*

לוי דהם	שמעון ב	ראובן א
זבלון ח	יששכר צ	יהודה י
גד שכטי	נפתלי כ	דן ק יעק
בנימין	יוסף ון	אשר ישר

Levi RHM	Simon B	Reuben A
Zabulón J	Isacar Tz	Judá Y
Gad ShBTY	Naftalí B	Dan K YAK
Benjamín	José UN	Aser YShR

* * *

DEL SALMO CXIX

Me he gozado en el camino de tus testimonios
más que de toda riqueza.
En tus mandamientos meditaré *(siyaj)*; consideraré tus caminos.
Me regocijaré en tus estatutos; no me olvidaré de tus palabras.
Haz bien a tu siervo; que viva, y guarde tu palabra.
Abre mis ojos, y contemplaré las maravillas de tu *Torah*.[23]

* * *

Hazme entender el camino de tus mandamientos,
para que medite en tus maravillas.
Se deshace mi alma de ansiedad; susténtame según tu palabra.
Aparta de mí el camino de la mentira, y en tu misericordia
concédeme tu *Torah*.
Escogí el camino de la verdad; he puesto tus juicios delante de mí.
Me he apegado a tus testimonios; oh Dios, no me avergüences.
Por el camino de tus mandamientos correré, cuando ensanches
mi corazón.[24]

---

23. Salmo CXIX-:15-18.
24. Ibíd. CXIX-27-32.

Capítulo ocho

Los meditadores

La única expresión que aún no hemos descubierto en la Biblia es la más comúnmente utilizada por autores posteriores al hablar de la meditación, a saber, *Hitbodedut*. Sería muy decepcionante no encontrar siquiera una pista de esta palabra, ni de su uso, en toda la Biblia. Sin embargo, al examinar más de cerca este término, o al menos un derivado de él, sí puede encontrarse. De hecho, éste tal vez sea el término bíblico original para aquel que se dedica a la meditación.

Como ya se comentó, aunque los profetas mismos eran muy reticentes cuando se trataba de explicar abiertamente sus técnicas, se pueden encontrar pistas de otros grupos ocultos mencionados en la Biblia, quienes a menudo intentaban emular a los profetas. Es en uno de estos grupos donde encontramos el término «meditador». El profeta Isaías habla de tales «meditadores» cuando dice: «él revoca las señales de los adivinos *(badim)*, él hace que los adivinos enloquezcan» (Isaías XLIV-25). El rabino Ibn Ezra, un importante comentarista, explica la palabra *Badim* (בדים), diciendo: «Esta palabra proviene de la raíz *Badad* (בדד) (que significa aislamiento), ya que hay almas que tienen el poder de meditar *(hitboded)*».[1]

Según Ibn Ezra, el término adecuado para un «meditador» es la palabra *Bad* (בד). Ésta es una forma más corta del último, que sería *Mitboded* (מתבודד), derivado de la palabra *Hitboded*. Esto indica claramente que la meditación jugaba un papel importante en los servicios ocultos paganos, tal como lo hacía entre los profetas.

---

1. Otros dicen que se les llama *Badim* porque usan prendas de lino. Véase *Shorashim, Bad.* Otros dicen que es porque son falsos, de la palabra *Bada* (בדה). Véase Rashi, Ibn Ezra, sobre Isaías XLIV-:25, de Job XI-3. Una relación entre los *Badim* aquí y la palabra *Badad* (aislamiento) se puede encontrar en el Talmud, *Berajoth* 63b, *Taanit* 7a, *Makkot* 10a.

Entre las prácticas ocultas prohibidas en la Biblia había un tipo de necromancia conocida como *Oab* (אוב).[2] Fue a tal nigromante al que el rey Saúl acudió cuando quiso comunicarse con el alma del profeta Samuel.[3] Es muy significativo que el Targum tradujera *Oab* como *Bidin* (בדין), nuevamente de la raíz *Bad*, indicando un «meditador». Cuando Maimónides describe la práctica del *Oab*, también parece implicar un tipo de meditación con mantra, a través de la cual el nigromante alcanza un trance meditativo necesario para comunicarse con los muertos.

Esto es particularmente sorprendente cuando observamos un versículo que ya hemos mencionado. Isaías habla de «nigromantes *(Oabot)* y médiums *(Iedonim)*, que meditan *(hagah)* y murmullan *(tzaftzaf)*» (Isaías IX-19). Hemos comentado la palabra *Hagah* en detalle, y en gran medida tiene la connotación de un tipo de meditación que implica el canto y la repetición de un mantra. Aquí vemos claramente que éste era un método utilizado por ocultistas involucrados en el *Oab*.

La palabra *Tzaftzaf* (צפצף) es interpretada por muchos comentaristas como «murmullar», el sonido que hace un pájaro.[4] Como tal, sería una palabra onomatopéyica, que reproduce el sonido del gorjeo de un pájaro. Sin embargo, es significativo notar que en dos de las cuatro veces que aparece la palabra *Tzaftzaf* en la Biblia, está en conjunción con la palabra *Hagah*, que se refiere a la meditación.[5]

Según los gramáticos, cualquier palabra que tenga una base doble se refiere a un acto repetido una y otra vez en rápida sucesión. Esto es cierto para la palabra *Tzaftzaf*, y por lo tanto denotaría un sonido repetido rápidamente. Por el contexto, parecería que *Tzaftzaf*, tal como lo practicaban los nigromantes, implicaba la repetición de un sonido una y otra vez, como en ciertos tipos de meditación con mantra. La diferencia entre *Hagah* y *Tzaftzaf* podría

---

2. Levítico XIX-31, 20:6, 20:27, Deuteronomio XVIII-11.

3. 1 Samuel XXVIII-3-9.

4. Rashi sobre Isaías VIII-18, XXIX-4, *Shorashim*, «Tzaftzaf,» de Isaías X-14. Véase *Va-Yikra Rabbah* 6:6, Rashi sobre *Rosh HaShaná* 16a, *Sotah* 12b.

5. Los cuatro lugares son Isaías VIII-18, X-4, XXIX-4, XXXVIII-14.

ser que el primero es principalmente la repetición de una palabra o frase, mientras que el segundo implica un sonido inarticulado.

Esta misma idea también se encuentra en otro lugar, en el que el profeta dice: «tu voz será como la de un nigromante *(Oab)* desde la Tierra; desde el polvo tus palabras murmullarán *(tzaftzaf)*» (Isaías XXIX-4). Aquí nuevamente encontramos que *Tzaftzaf* está asociado con el *Oab*, indicando que normalmente era utilizado por tales ocultistas.

Un importante lexicógrafo hebreo, el rabino Nathan ben Yejiel (1035-1106), afirma que la palabra *Tzaftzaf* tiene la connotación tanto de meditación *(Hagah)* como de visión profética.[6] Como tal, está estrechamente relacionada con la palabra *Tzofeh* (צופה), que significa «vidente» o profeta. Esto a su vez proviene de la raíz *Tzafah* (צפה), que significa «ver», particularmente en un sentido profético o místico.

La raíz *Tzafah* también tiene el significado de cubrir *(Tzipeh)*, y en este sentido está estrechamente relacionada con la raíz Tzafan (צפן) que significa «esconder» o «ocultar». Un profeta *(Tzofeh)* es alguien que ve, pero lo que ve está cubierto y oculto al resto de la humanidad. Esta raíz también está estrechamente relacionada con *Tzuf* (צוף) que significa «flotar», y en este sentido un *Tzofeh* se involucra en un proceso muy similar al discutido en el contexto de la meditación *Siyaj*. El profeta no sólo ve, sino que también flota y se eleva a un nivel por encima de lo mundano.

Esta palabra también puede estar relacionada con la raíz *Tzafaf* (צפף), que significa «apiñarse» o «presionar». El vidente debe empujar su espíritu contra el cuerpo, presionándolo para que salga fuera del ámbito físico.

Esta última relación es especialmente importante, ya que el término *Tzaftzaf* también se usa en este sentido en varios lugares en el Talmud y el Midrash. Hablando de una persona cercana a la muerte, el Midrash dice: «el alma presiona *(tzaftzaf)* para salir del

---

6. *Aruj* «Tzaf,» de *Sotah* 12b, basado en Isaías VIII-18. Véase Abraham Abulafia, *Otzar Eden HaGanuz* (Bodleian, Ms. Or 606) 9a.

cuerpo».[7] El Talmud también habla de aquellos que, en la Gehena, «presionan *(tzaftzaf)* para ascender».[8] El Midrash también habla de la redención final como «romperse» *(tzaftzaf)*.[9] De todas estas fuentes, parece que el término *Tzaftzaf* se refiere a una especie de presión espiritual, donde uno se hace camino a través de un nivel superior percibido por la mente.

La palabra *Tzaftzaf* se utiliza principalmente con respecto a los cultos paganos, especialmente el *Oab*. Estos son los místicos que deben ejercer presión espiritual, empujando y presionando para romper hacia lo espiritual. El verdadero profeta, sin embargo, está en el nivel de *Siyaj*, donde, al usar los métodos adecuados, puede flotar sin esfuerzo hasta los reinos más elevados.

Sin embargo, la verdadera experiencia mística es el *Ruaj HaKodesh,* que sólo puede alcanzarse después de haber completado los diez niveles preliminares. Para lograrlo, es necesario ser un santo en el sentido más literal, tanto en la relación con Dios como en la relación con los hombres. Además, no se podía ingresar en las escuelas proféticas sin antes haber pasado por varios años de disciplina y purificación. Sin embargo, muchas personas se sentían tentadas a tomar atajos, siendo las prácticas ocultistas de los idólatras uno de los métodos más rápidos y accesibles.

El Talmud cuenta que, durante la época del Templo de Salomón, había millones de personas involucradas en los misterios proféticos. No es una coincidencia que la idolatría y la brujería fueran tan predominantes en aquel tiempo: aquellos que no lograban alcanzar las elevadas cotas espirituales de los profetas optaban por el camino fácil de la idolatría y el ocultismo. De igual modo, no es casualidad que, cuando las escuelas proféticas se abolieron tras la destrucción del Templo de Salomón, el «fiero anhelo por la idolatría» también desapareciera.

---

7. *VaYikra Rabbah* 34:2.

8. *Rosh HaShaná* 17a. El Aruj, «Tzof,» afirma que *Tzaftzaf* aquí significa «nadar o rezar,» de la raíz «Tzaf,» que significa «flotar». Rashi, sin embargo, lo interpreta como «gritar».

9. *Shir HaShirim Rabbah* sobre VI-10.

A pesar de ello, existieron pequeñas escuelas cerradas que mantuvieron vivas las tradiciones proféticas. Para evitar que las masas volvieran a las prácticas idólatras como sustituto de la verdadera meditación profética, se limitó la difusión de estas enseñanzas. Con el tiempo, aparte de esas pocas escuelas, estas prácticas llegaron a ser prácticamente desconocidas. Los únicos que conservaron algún conocimiento de esos métodos fueron los cabalistas, en el seno de una pequeña y restringida comunidad.

Maimónides sostiene que la profecía deberá ser restaurada antes de la llegada del Mesías. Sin embargo, como ya hemos visto, la profecía no ocurre de forma automática, sino que debe ser cultivada a través de una disciplina exhaustiva, con la realización de ejercicios específicos. Por tanto, antes de la era mesiánica, estas prácticas deberán ser reveladas y enseñadas. Sólo entonces se cumplirá la profecía, tal como lo dijo Dios: «después de eso, derramaré mi espíritu sobre toda carne, y vuestros hijos e hijas profetizarán. Vuestros ancianos soñarán sueños, y vuestros jóvenes verán visiones» (Joel 3:1).

בנלך ולאעי תושלבע

❖ FUENTES

La persona que realiza un *Oab* permanece pie y quema un incienso especial, mientras sostiene y afecta con la mano una varilla de Mirto punto a mí despacio, repitiendo ciertos conjuros secretos formula una pregunta y oye algo parecido a la voz de otra persona que le habla y le responde a la pregunta también en un tono muy bajo. Es como si la voz no fuera oída por el oído sino percibida por la mente.

Moisés Maimónides[10]

* * *

---

10. *Iad, Avodat Kojavim* 6:1. Véase *Sanhedrín* 65b; *Sefer HaMitzvot,* Mandamientos Negativos 8, 9, 31.

La adivinación *(Kosem)* requiere el empleo de otros métodos para penetrar en la mente y limpiarla de todo pensamiento. Entonces el individuo es capaz de predecir el futuro, aconsejar y avisar de los peligros.

Algunos adivinos utilizan piedras y arena. Otros se inclinan reverentemente *(Gahar)* sobre el suelo, realizando determinados movimientos y emitiendo fuertes sonidos. Otros miran un espejo de cristal o de hierro y hablan de estado de trance.

Los hay también que sostienen en la mano un báculo o bastón y, apoyándose en él, se dan golpecitos hasta que su mente queda limpia antes de comenzar a hablar.

A propósito de estas prácticas, el profeta dijo: «Él pregunta a su árbol, y su báculo le responde», (Oseas IV-2).

Moisés Maimónides[11]

* * *

Los adivinadores meditan *(hitboded)* en sus pensamientos, fijando toda su concentración y todas sus emociones en el objeto que desean conocer. Como consecuencia de tan poderosa meditación *(hitbodedut)*, su mente queda despojada de cualquier concepto físico. Entonces su alma puede comunicarse con entes espirituales que son capaces de informarle de acontecimientos futuros.

Sefer haJinuj (siglo XIII)[12]

* * *

Por medio de la meditación *(hitboded)* imaginaria de Saúl, se despertaron sus pensamientos para recordar lo que Samuel le había advertido en numerosas ocasiones, que Dios destruiría su reino… (fue una experiencia de tal viveza) que realmente le pareció como

---

11. *Iad, Avodat Kojavim* 11:6. Véase Sifri sobre Deuteronomio XVIII-10. Malbim ibíd. afirma que esto es como una tabla *Ouija*. Véase también *Sefer Mitzvot Gadol* (Smag), Mandamiento Negativo 52.

12. *Sefer HaJinuj* 510. Esto se atribuye a Rabí Aarón HaLevi de Barcelona.

si el mismo Samuel le estuviese hablando. Esa es la voz baja que se oye en un *Oab,* y con respecto a ello está escrito: «tu voz sea como un *Oab* desde la Tierra» (Isaías XXIX-4).

En realidad, es como una alucinación, como las que experimenta una mente débil y enferma. Por lo tanto, se dice que el inquisidor oye la voz, pero que en el ocultista es el que levanta a los muertos, ve pero no oye.[13] Ello se debe a que el ocultista medita sobre la persona muerta que va a ser levantada, y la fuerza de su imaginación le permite ver algo que, ciertamente, carece de existencia objetiva.

Rabbí Isaac Abarbanel[14]

---

13. Comentario sobre 1 Samuel (XXVIII-7), cuarta opinión. Ésta es la opinión de Rabbí Levi ben Gershon sobre 1 Samuel (XXVIII-8).
14. *Midrash Samuel* 24.

Capítulo nueve

La transición

Una cosa que vemos claramente es que las prácticas idolátricas y ocultas prohibidas se parecían mucho a las prácticas místicas de los profetas. Ésta puede haber sido una razón por la cual las prácticas proféticas se ocultaron como misterios secretos, restringidos a sociedades relativamente pequeñas. Esto fue particularmente cierto después del cierre del período profético, donde estas prácticas eran prácticamente desconocidas fuera de círculos muy pequeños y selectos.

Los profetas sabían que muchas personas que no tenían la preparación o el temperamento adecuados intentarían emular sus prácticas. Al no tener éxito, estas personas se volverían hacia las prácticas meditativas relativamente simples pero prohibidas de los idólatras. Por lo tanto, los métodos proféticos se envolvieron en un secreto prácticamente absoluto, y no hay mención expresa de ellos en toda la Biblia.

El Talmud afirma que, durante el período profético, existía un literal «deseo por la idolatría».[1] Puede parecer algo difícil de entender cómo las personas podrían tener un deseo tan fuerte por algo como la idolatría, que, según el contexto, era tan fuerte como el deseo sexual. Pero cuando había muchas personas involucradas en la experiencia mística, el deseo de unirse a ellas era muy fuerte. La experiencia mística es una de las experiencias más dulces, profundas y elevadoras posibles, y es algo que puede ser muy deseado.

Al mismo tiempo, sin embargo, la verdadera experiencia mística es *Ruaj HaKodesh*, que sólo se puede alcanzar después de haber completado los diez niveles preliminares. Antes de poder alcanzar este nivel, uno debe ser literalmente un santo, tanto en su relación

---

1. *Yoma* 69b, *Sanhedrín* 64a. 108. *Meguillah* 14a, *Shir HaShirim Rabba*, 4:22, *Ruth Rabbah* 1:2.

con Dios como en sus tratos con los hombres. Además, uno no podía siquiera entrar en las escuelas proféticas hasta haber pasado por años de disciplina y purificación. Por lo tanto, la gente se sentía tentada a tomar atajos y, entre los más fácilmente disponibles, estaban las prácticas ocultas de los idólatras.

Durante la época del Templo de Salomón, el Talmud nos informa de que había literalmente millones de personas involucradas en los misterios proféticos.[2] No es coincidencia que la idolatría y la hechicería fueran tan prevalentes en ese momento. Las personas que no podían alcanzar las alturas espirituales de los profetas tomaban el camino fácil de la idolatría y el ocultismo en su lugar. Por lo tanto, tampoco es coincidencia que, cuando las escuelas proféticas desaparecieron después de la destrucción del Templo de Salomón, el «deseo por la idolatría» también fue abolido.[3]

Aun así, había escuelas pequeñas y cerradas que mantenían vivas las tradiciones de los profetas. Para evitar que las masas volvieran a recurrir a prácticas idolátricas como sustituto de la verdadera meditación profética, restringieron la difusión de estas ideas. Finalmente, fuera de una pequeña escuela, estas prácticas fueron totalmente desconocidas. Los únicos que tenían alguna idea de los métodos fue una pequeña y restringida escuela de cabalistas.

Maimónides escribe que la profecía tendrá que ser restaurada antes de la llegada del Mesías.[4] Sin embargo, como hemos visto, la profecía no ocurre automáticamente, sino que debe cultivarse con una disciplina extensiva a través de prácticas muy específicas. Por lo tanto, antes de la era mesiánica, estas prácticas tendrán que ser

---

2. *Meguillah* 14a, *Shir HaShirim Rabba*, 4:22, *Ruth Rabbah* 1:2.

3. El Rabino Elías, el Gaón de Vilna (HaGra), comentario sobre *Seder Olam* 29 (Jerusalén, 1971) p. 99. Véase *Meshej Jojmah* sobre Números XVIII-17, (al final de *BaHaAloteja)*, quien deriva esto de Zacarías XIII-2. El Talmud, *Yoma* 69b, afirma que cuando el instinto del mal fue capturado, se vio salir del Santo de los Santos. Como se explicó anteriormente, sin embargo, éste es el lugar de los Querubines, la fuente de la profecía. Los Querubines eran, por lo tanto, tanto la fuente de la profecía como la fuente del deseo por la idolatría. Si contemplar los Querubines podía inducir un estado profético, la gente erróneamente asumió que otras imágenes podían ser sustituidas. Véase también *Torat Jaim*, citado en *Etz Yosef*, en *Eyin Yaakov, Yoma* 69b.

4. *Iggeret Teimon* (Varsovia, 1927) p. 30. Véase también *Iad Melajim* 12:2.

reveladas y enseñadas. Sólo entonces se cumplirá la profecía, donde Dios dijo: «después de esto, derramaré mi espíritu sobre toda carne, y vuestros hijos e hijas profetizarán. Vuestros ancianos soñarán sueños, y vuestros jóvenes verán visiones» (Joel II-28/3-1).

בנלך ולאעי ושלבע

ÍNDICE